So bin ich ewig dir verbunden ...

Romantische Gedichte

Eine Lebensreise. Heimatliches, Landschaften
und Begegnungen

Dietmar Ahrens

Dorante Edition

So bin ich ewig
dir verbunden ...

Romantische Gedichte

Eine Lebensreise. Heimatliches,
Landschaften und Begegnungen

Dietmar Ahrens

Bibliografische Information durch die Deutsche Nationalbibliothek: Die Deutsche Nationalbibliothek verzeichnet diese Publikation in der Deutschen Nationalbibliografie; detaillierte bibliografische Daten sind im Internet über http://dnb.d-nb.de abrufbar.

Herausgegeben durch das Literaturpodium, Dorante Edition
Berlin 2024, www.literaturpodium.de
ISBN: 978-3-7597-7490-3

Covermotiv und Foto zur Vita: Andy Bünning (Torgelow, Fotograf)
Naturfotos im Gedichtband: Marko Ferst

Verlag: BoD • Books on Demand GmbH, In de Tarpen 42, 22848 Norderstedt
Druck: Libri Plureos GmbH, Friedensallee 273, 22763 Hamburg

Vorwort
oder: „Ich lade noch den Goethe ein ...“

Liebe Leser,

ich möchte Sie einladen, mit mir auf eine literarische Lebensreise zu gehen. Mein literarisches Schaffen begann 1980 mit ersten Gedichten in zeitgenössischer Ausdrucksweise, und erlebte ab etwa 1993 eine endgültige Wandlung, hin zu einem Stil, den ich als neoklassisch und neo-romantisch bezeichnen möchte.

Ganz bewusst habe ich mich seinerzeit für diese Art und Weise des lyrischen Schreibens und reimvollen Dichtens entschieden, weil ich zu der Auffassung gelangt war, der deutschen Sprache nur in dieser traditionellen Form, bezüglich ihrer Vollendung, Schönheit und Poesie gerecht werden zu können.

In Anlehnung an meine klassisch-romantischen Vorbilder Goethe und Schiller, als bekannteste Vertreter (sicher auch der Stilpoche der Aufklärung), versuche ich, diesem Stilmittel der Sprach- und Dichtkunst in ähnlicher Weise Ausdruck zu verleihen, völlig unabhängig von Trends und vom geltenden Zeitgeschmack.

Lassen Sie sich darauf ein, und begeistern Sie sich mit mir für diese Stilepoche, die hinsichtlich ihrer wegweisenden Geschichtsträchtigkeit und Sprachkunst, zeitlos alles seitdem Dagewesene überdauert hat.

Meine Schwester ist Heilerin, und mir eine wichtige Wegbegleiterin. Sie inspirierte mich zu dem zusätzlichen Namen *Dietbrecht*, der mir sehr gefallen hat und den Charakter meiner Dichtung unterstreicht.

Ich wünsche Ihnen viel Spaß beim Lesen meines Lebenstagebuches in Gedichtform, und hoffe, dass auch Sie sich in irgendeiner Form darin wiederfinden.

Dietmar Ahrens

Über das Leben

Das Leben ist ein gar seltsam Ding!
Es wird uns zum Nutzen gegeben.
Drum schätze im Zweifel dies niemals gering,
als gäb` es ein anderes heimliches Sehnen …!
Und kaum, dass wir unsere Grenzen erkannt, –
holt uns die Wirklichkeit ein …
Die ferne Botschaft der schützenden Wacht:
Nur sie wird in uns das Unsterbliche sein!
– Nicht aber wir, der Hüllen verdorben,
der Fleischeslust frönend,
zur Lebzeit ernannt! –
Doch wo bleibt da die Kraft im Geiste,
die uns knechtet und wieder befreit?
Wir schwören den Dingen auf irdische Weise
und geben der Hoffnung stets freies Geleit,
es möge sich dann zum Besseren wenden,
die frohe Kunde zur Einsicht gereicht.
– So lohnt sich das Leben für jeden Gesellen,
der keines der Ziele verfolgt!
Man möchte diesem nicht unterstellen,
er hätte das Gute nur nicht gewollt!
Den Fleißigen aber, – sei jeder Lohn,
die strebsam schaffen und ernten das Feld!
Auch denen, die hadern wie Vater und Sohn,
mit sich und dieser prachtvollen Welt!
– So scheint mancher Weg verworren und steil,
am Ende jedoch, nach Sturm und Gezeiten, –
bin voller Demut ich, und Glaube allein!
Wonach wir streben? – Welche Frage!
Wer weiß das schon an manchen Tagen!
Wohl eines weiß ich, wenn ich scheide, –
nicht jeder tut dies, wenn er geht:
Des Glückes Gunst ich gern erreichte,
– hab` dann in hoher Kunst gelebt!

Gebet

Groß ist mein Herz, –
und fest ist mein Glaube,
an Himmel und Erde,
erschaffen von Dir!
Du lobtest die Saat,
Keim jeder Hoffnung,
Erlöser der Welt, –
zu leiden mit ihr!
Um Liebe zu geben,
in Freiheit zu leben,
schenktest Du allen
– das Licht!
Ist Balsam der Tag,
an dem Du geboren,
verloren die Nacht
– ohne Dich!
Ich sage Dir Dank,
Herr der Gezeiten,
ich höre Dir zu und
lasse mich leiten, –
hält Deine Gunst mich
auch morgen noch an!
Wen ich liebe,
und was ich teile,
lauscht meines Blutes
frommen Gesang.
Meine Wurzeln,
die mich behüten,
sind meiner Seele
innerster Schatz!
Sie will ich mehren,
treiben zur Blüte,
will ich beschützen
mit gütiger Hand!
– So bin ich bei Dir,
gelehrt und geläutert,
und gebe weiter, –
was ich in Dir fand!

Der Himmel auf Erden

Klug will ich sein,
den Himmel zu preisen, –
die Tage zu lieben
als irdisches Glück!
Kehrt auch die Nacht,
wenn Träume uns lehren,
im Wandel der Zeit,
zum Leben zurück.

Dem Himmel so nah,
der Erde enthoben,
höre ich fern –
ein einziges Lied.
Von oben herab,
im Lichte geboren,
klingt dieser Welt,
was immer geschieht.

Kündet von dort –
der einfache Friede,
führt mich zum Ort,
der selig mir scheint!
Heute und hier, –
in all seinem Glanze,
bin ich mit ihm
– im Herzen vereint!

Nacht

Es breitet die Nacht
ihr samtschwarzes Mieder,
mit sicherer Hand,
über Städte und Flur.
Der späte Abend,
im Klang froher Lieder,
versank unbemerkt –
im Leib der Natur.

Nun schweigt auch sie,
in der Stille geboren,
– in Sanftmut gebettet,
vom Eifer befreit.
Wie Abschied und Ende,
für immer verloren,
senkt sich herab, –
die bleierne Zeit.

Mensch und Getier,
vom Schlafe bezwungen,
ruhen in Ehrfurcht,
und friedlich vereint.
Entledigt der Sorgen,
dem Tage entsprungen,
wird alles Leben –
vollkommen und leicht.

Vom Apfelbaum

Ein kleiner Kern vom Apfelbaume,
barg einst die Hoffnung dieser Welt,
in feuchter Erde, nah am Zaune,
und ganz allein auf sich gestellt!
– So reife denn, dank gutem Erbe,
sei dir der Güte stets bewusst!
Du bist es wert, und allzu gerne, –
hätt` ich noch mehr von dir gewusst!

Bald keimt der Glaube in dir tief,
zu werden, was schon and`re waren,
– ein großer Baum, der Lasten schief,
die Früchte jener Saat zu tragen.
Nun trifft es dich, und heißt so viel,
dass sich die Äste biegen, –
jahrein, jahraus mit gleichem Spiel,
sich stolz im Winde wiegen!

Die Zeit verging im Apfellande,
wo hell erklingt manch` frohes Lied,
der Erntescharen treue Bande, –
vom Stamme, bis zum letzten Glied!
Jetzt ist`s soweit, – die Rufe hallen,
eilt schnell herbei an jeden Hof,
wenn prall und rot die Äpfel fallen,
der flinken Hände Arbeit Lohn!

Auf meiner Scholle

Für meinen geliebten Vater, – ihm zur Ehre und zum Dank

Auf meiner Scholle, am Walde geboren,
war dieser Platz mir immer ersehnt, –
der mir bestimmt, zum Bleiben erkoren,
nach manchen Mühen auf staubigem Weg!
– Wieder daheim, zu Hause willkommen,
unendlich fern der heillosen Welt,
die Gipfel der Zeit in Würde erklommen, –
– werde ich sein, was niemals vergeht!

Denn ich kann sagen den dauernden Fremden:
Hier ruht meines Vaters tragender Stein!
Müßig, der Welt dieses Herz zu erklären!
– Es soll auch meines Tages Antlitz sein!
Hier fand ich zu mir, – in meinem Streben,
nichts hielt mich fest am irdischen Schein!
Bei all den Dingen, die mich bewegten,
war ich im Leben doch niemals allein!

Wer könnte meinen in seinen Gedanken, –
was taugt ein Land, zum Glücke gereift?
Dem will ich ein Geheimnis verraten:
Hier wohnt die Liebe, die in mir gedeiht!
Alles Gute kann besser nicht werden,
wenn zufrieden Mensch und Getier!
– So war es fortan, und sollte nicht enden …!
Warte, oh Himmel, – ich bleibe noch hier!

Daheim

Dir schlägt mein Herz mit Kindeseifer,
– fühl` ich den Anfang jeder Zeit,
wenn ein Geschenk von hohen Gnaden,
wie ein Wunder mich ergreift!
Du Hort des Friedens,
Ort der Sehnsucht, –
da ich weiterziehen muss!
Kehr` ich heim und komme wieder,
– gilt dir mein Dank,
mein erster Gruß!
Und spüre ich, – dem Friede nah,
den Atem deiner Tugend,
die deine Nähe mir verheißt,
seit meiner frühen Jugend, –
so bin ich dein, – und nicht nur halb!
Mit ganzer Kraft und Seele,
will ich mich an dir erfreu`n,
verbunden dir in Liebe!
Mit jeder Faser will ich sein,
was du auch mir bedeutest,
an jedem Tag, der mir verbleibt,
– bis einst die Glocken läuten!
Ich hab`s gefühlt, – und es war mein,
ob nah, ob in der Ferne!
Dein Zauber soll mir Segen sein, –
kein Traum kann schöner enden!
So kann ich sagen voller Glück,
ganz tief in mir geboren, –
es zog mich stets zu dir zurück,
– und ich war nicht verloren!

Erwachen

Wenn ich erwache in der Früh`,
die Luft riecht frisch und rein, –
glänzt feucht der Wiesen Morgentau,
im silbern` Mondenschein.
Ich atme schon den neuen Tag,
der langsam sich erhebt, –
aus Nebelschleiern kühl und karg,
die Stille weicht dem Licht!

So hab´ ich ihn noch nie erlebt!
Die Sinne werden frei, …
und aus der Schwere, – wie beseelt,
strebt buntes Allerlei!
Kraftvoll strömt des Tages Werk,
in meine Adern Blut, –
macht willens mich, und hoch gelehrt,
des Nachtzinses Tribut!

Heimkehr

Heimat, du Schöne,
zu der es mich zieht, –
gleich einem Banne,
ihr blindlings zu folgen!
Ich weiß, was auch immer
in der Fremde geschieht, –
du bist bei mir,
und wirst für mich sorgen!

Und wenn meine Sehnsucht, –
noch größer als jetzt,
dich streichelt und bittet
um Frieden, –
umarm` ich dich ganz,
und schwör` diesen Eid,
dich immer und ewig zu lieben!

Kein Donnerschlag,
kein Grenzenschild
verhindern mein Begehren!
– So kehr` ich heim,
zu Frau und Kind. –
Wer könnt` es mir verwehren!

Und bin ich da, –
wieder zu Haus`,
willkommen und beflissen, –
bin ich es gern,
– nur hier ich selbst,
der Ferne jäh entrissen!

Ideale

Du kannst dich ganz und gar verlieren,
dich maßlos steigern, eh` der Tag beginnt,
aus purer Lust ein Feuer schüren, –
nur um zu zeigen, wie verliebt du bist!
Im Häusermeer der Illusionen
spielst du dein Spiel, und sagst, es sei dir ernst.
Und wer dir glaubt, fühlt sich betroffen. –
In seiner Brust spürt er den gleichen Schmerz!

So manchen Berg hast du erklommen,
bist weit gefahren, und – hast weit gefehlt!
Mit tausend Wünschen auf die Welt gekommen,
gehst du bis heute deinen Weg.
Mal abgrundtief im Nichts versinken,
durch Schluchten wandern ohne Rast!
Aus müden Händen Sehnsucht trinken, –
und doch berauscht vom Nektar Leidenschaft!

Und wenn dich jemand fragt im Leben,
was immer du als Ideal verstehst, –
darf es nur eine Antwort für dich geben! –
Schaust du zurück, dann fällt sie dir nicht schwer.
Schaust du nach vorn, – kommst du in`s Wanken.
Im grellen Licht vergang`ner Träumereien,
willst du nie wieder jene Zeit ertragen,
und in der Nacht dein eigener Schatten sein!

Du suchst verirrt den Himmelswagen,
von dem du dir so viel erhoffst!
Treibst manchmal blind im Strom der Jahre,
– und siehst doch mehr, als nur dich selbst!
Denn wer noch glaubt, sein Ziel zu kennen,
und weiß, wie er dorthin gelangt, –
liest seine Zukunft in den Sternen,
und fängt erst dann – zu leben an!

Sternlein

Sternlein da oben, –
wie schön du doch bist!
Du tauchst diese Welt
in dein seidenes Licht.
Endlos die Weite
in magischer Nacht, –
funkelt dein Licht
gleich tausendfach!
Leuchte, mein Stern,
und führe mich heim,
– ich möchte jetzt
nicht alleine sein!
Erfreue mein Herz,
wenn hell scheint
der Mond, –
der über allen Sternlein wohnt,
und schaue mit Würde
von oben herab. –
So find` ich den Weg,
– dem Himmel sei Dank!

Im Nebel

Nebel ziehen hoch am Strande,
kühl und feucht in dunkler Nacht,
suchen heim zu Luft, zu Lande, –
die da geh`n auf schwerem Sand!
Wenn auch ich zur selben Stunde,
harre hier am düster`n Ort,
mit dem Schauder fest im Bunde,
– drängt es mich nur immer fort!

Wie sie alles überrennen, –
schemenhafte Geisterart!
Tags zuvor, nicht zu erkennen, –
nachtens doch in voller Pracht!
Nebelhörner in der Ferne,
weisen schon mit dumpfem Laut,
deren Blick sich nun verwehrte,
einen Weg durch Zeit und Raum.

Langsam lichtet sich der Morgen,
hell und klar in seinem Lauf. –
Endlich strebt, was mir verborgen,
nun hervor nach altem Brauch!
Jedes Rätsel scheint vergangen,
was noch gestern war verhüllt.
Hab` ein inniges Verlangen, –
reich und schön wie diese Welt!

Der Engel

Meiner geliebten Mutter, – ihr zur Ehre und zum Dank

Ich sah einen Engel im scheidenden Jahr,
– da oben den leuchtenden Schweif!
Wie schön er doch war, mit strohblondem Haar,
mit Flügeln am schneeweißen Kleid,
im Sternengewande, von Wolken umhüllt,
– plötzlich mir nah und vertraut!
Von müder Gestalt und milde gestimmt,
rief seinen Namen ich laut:

„Was ist deine Not, was ist dein Begehr`,
im Lichte der himmlischen Schar?
Kommst du des Weges aus heiterer Mär`, –
oder suchst du mich heim immerdar?" –
Da sprach er zu mir in weiser Vernunft:
„Staune, doch schelte mich nicht!
Ich bin dein Geist, der leise mich ruft,
– mit einem Engelsgesicht!"

„Ich stehe dir bei mit göttlicher Hand,
die sich legt auf dein Haupt, –
zu täglicher Zeit, zu Wasser und Land,
wenn in Gefahr du dich glaubst!
– So gehe dahin, und zähle auf mich,
ich will dein Schutzpatron sein!
Dass du es weißt, und nie mehr vergisst,
fahr` ich zum Himmel hinein …!"

Da war er fort, ward nie mehr geseh`n, –
und doch fühle ich keinen Schmerz,
den er mir nimmt, bevor er gescheh`n,
rein und befreit schlägt mein Herz!
Was mich bewahrt vor manchem Verdruss, –
scheint eines Engels Geschick:
Ist er bei mir, zu meinem Entschluss,
– finde ich Frieden und Glück!

Märzwinter

Des Winters Antlitz
will nicht weichen!
Sein graues Weiß
klebt matt am Stein.
Er krallt sich fest
an Arm und Beinen, –
und könnt` schon längst
vergessen sein!

Ich würde ihn so gern verbannen!
Er lastet schwer
auf meiner Brust.
Wann geht er endlich
nun von dannen?!
Es hallt von fern
des Frühlings Ruf!

Ein Jeder stöhnt
und will verzagen,
es schneit hinunter
bis ins Tal! –
Obwohl schon März,
ist schneeverhangen,
die weite Flur,
noch trist und kahl!

So gehe hin,
du eis`ger Riese,
nimm alle unsere Sorgen mit!
Es soll nun grünen
jede Wiese, –
und duften alles,
sanft und mild!

Am Wasserlauf

Quellwasser, … regst dich,
flüsternd, doch munter,
hinweg von der ewigen Stelle …!
Fröhlich hüpfend,
ja, – fast behände,
wirst du zum Rinnsal,
das ich verstünde, –
wenn da nicht manch` Hindernis wär` …!
Noch ist dein Tun
kindliches Spiel!
Doch schon früh,
mit ehernem Ziel,
führt dich dein Weg stets
vom Berge hinab …
Eilig springend
über Stock und Stein,
bist du schon jetzt –
Hoffnung und Sein!
Und zu neuem Leben erwacht,
wächst du zum – Bach.
Schon tosend
der Schluchten,
dann sittsam und sacht,
vorbei an schönen Auenwäldern,
saftigen Wiesen
und fruchtbaren Feldern,
– nimmst du an Größe stets zu!
Ob durch Tal und Gebirge,
Heide und Flur, –
nichts hält dich auf,
– allmächtiger Strom!
Dein kostbares Nass
ist allen der Lohn!
In Stadt und Land,
wo Brücken verbinden,
wo Deiche sich schinden,
zu zähmen dein Band!

– So nimmt seinen Lauf,
was harmlos begann …
Denn nun die träge Majestät,
die breit und satt sich windet!
Strebst würdig dem Finale zu,
und hast es längst verkündet:
Hier also endet deine Spur,
– im Meer, –
wo aller Anfang endet …!

Abenddämmerung

Müde ruhen die Gedanken,
leise jegliches Gemüt.
Endlich kehrt nach langem Tage,
Friede in mein Herz zurück!
Letztes Rot am Abendhimmel,
streichelt sanft den Horizont.
Schwere lastet auf den Gliedern,
grau umhüllt an jedem Ort.

Sind die Lichter dann erloschen,
legen Schatten sich auf's Land,
ihren Reigen zu beginnen, –
ziehen mich in ihren Bann!
Kommt daher auf großen Schwingen,
nun herbei, – es ist vollbracht,
in den Häusern und in Gassen,
– stille ehrfurchtsvolle Nacht!

Weites Land

Weit schweift mein Blick in die Ferne,
bis der Himmel die Erde berührt. –
Doch meine Sehnsucht findet kein Ende,
weil sie diese Freiheit verspürt!
Und mit dem Hauch einer Ahnung,
der Wolken, die über mir zieh`n,
tauche ich voller Erwartung, –
hinein in endloses Grün.

Welch` ein großes Vergnügen,
und kostbar die reifende Flur,
zu scheuen nicht Arbeit, noch Mühe,
zu dienen der Mutter Natur!
Soll alle Hoffnung mir schenken,
die mich ereilt immerfort, –
muss, ach so oft, an ihn denken,
– an diesen magischen Ort!

Schmiegt sich mit lieblicher Wonne,
mein Herz an ein friedliches Land,
das mir in abendlicher Sonne,
gegeben von göttlicher Hand!
Ich schließe es sanft in die Arme,
und fange den Augenblick ein,
so reich wie an jenem Tage, –
will ich ein König wohl sein!

Gerade noch eben

Gerade noch eben,
im Sinkflug der Zeit,
hat mich der Zauber
der Jugend erreicht!
Ja, man kann sagen,
– in letzter Not,
wurde mein Streben
nach Liebe belohnt!
Was nur als Hoffnung
in mir gebar, –
gleich einem Wunder,
wahrhaftig geschah!
Und während ich hoffte
der reifenden Saat, –
bin ich zu neuen Taten
erwacht!
Dafür habt Dank,
die uns beschützen!
Ich möchte immer
jemandem nützen,
so auch dir,
– wertvolles Leben,
was du mir gabst,
um es zu mehren,
um es zu ehren
mit fürstlichem Hof! –
So sei willkommen
mit offenen Armen!
An dunklen und an
sonnigen Tagen,
ist dir ergeben und klug,
– der dich liebt!
Drum schätz` ich mich glücklich,
dass es dich gibt!

Im Wald

Alte Recken, erhaben und stolz,
säumen das Land meiner Väter.
Fest ihre Reihen, dem Anderen hold,
mächtig an Größe und Schimmer.
So hoch ihre Krone, so weit ihr Gebälk,
stark ihre Wurzeln, der Leib, –
in Würde gereift, die Ringe gezählt,
trotzten sie Stürmen und Zeit!

Wie es mich zieht, von freier Gestalt,
mit Ehrfurcht zum Walde hinaus,
inmitten all seiner Herrlichkeit,
und blicke verzückt zu ihm auf!
`Was bin ich doch von geringem Gewicht,
führe mich sanft zu ihm heim!`
Spüre den Wind, das irdische Glück,
atme die Luft tief und rein.

Und als ich nun ging in stiller Natur,
mit wachem Geiste im Blick, –
gedachte ich der grünenden Flur,
schaute mit Wehmut zurück. –
Wie bin ich ihr bei allem Genuss
Freund und Beschenkter zugleich,
die mich umsorgt bei Leid und Verdruss,
Schatten mir spendet und Heil?

Sprach eine Stimme aus finsterem Tann:
„Glaube, und gräme dich nicht!
Ich ziehe die Welt in meinen Bann –
und bringe auch Frieden für dich.
Das, was du suchst, soll ewig gescheh`n,
Liebe ist jedem der Lohn! …
Drum halte Wacht, dann wirst du es seh`n!“,
flüstert`s in säuselndem Ton.

Da geschah, dem Baume gezollt
und seinem Stammesgeschlecht:
`Ihr seid aus besonderem Holz,
weise der Rinden Geflecht!`
Stelle mich schützend vor eure Pracht,
die mir stets Zuversicht bot. –
Sage noch heut`: `Den Schöpfern sei Dank!`,
brachtet mir Freude und Trost!

Hier will ich sein, im Herzen ein Kind,
duftender Quell meiner Kraft!
Jedes Geläut von ferne versinkt
in eurem Blätterdach. –
Das mich umhüllt mit himmlischem Laub,
Pflanze und Tier Jahr für Jahr!
Lausche den Vögeln und senke mein Haupt:
Alles – war immer schon da!

Ode an das Leben

Wer sagt mir, ob ich lebe, –
und ob ich träume oder wach`?
Wer gibt mir ab von seiner Seele,
wenn mein Herz danach verlangt?
So trink´ ich aus – den vollen Becher,
der Liebesmühen eingedenk. –
Ich bin nun mal kein stiller Zecher,
und finde dies auch nur gerecht!
Drum will ich denn noch vieles wagen!
Die Zeit heilt Wunden schnell.
Sie ist die Hälfte meines Strebens,
das mich getragen bis – hierher,
gleich wilden Bächen und Gestaden,
zu neuen Ufern und – zu dir!

Am Morgen

Sei dir gewiss, der Tag wird schön,
nichts kann mich mehr beglücken!
Er leuchtet mir in`s Angesicht,
wohl ganz aus freien Stücken.
Ich danke ihm und bin bereit,
den Zauber zu genießen, –
der mich von aller Nacht befreit,
möcht` in den Arm ihn schließen!

„So komme doch und halt` mich fest"…,
– hör` ich ihn leise rufen!
„Verweile einen Augenblick, –
wo sonst willst du mich suchen?
Zu früher Stunde reift in mir,
dem Anfang aller Tage, –
mein junges Blut für kurze Zeit,
und niemandem zur Klage!"

Es laben Baum sich und Getier,
an manchem deiner Sprosse.
Ein jeder wird begegnen dir, –
der Sonne auf dem Fuße!
Vom Schlaf geheilt sind Mensch und Vieh,
gestärkt und frohen Mutes. –
Den Anblick hat noch nie bereut,
wer redlich schafft, nur Gutes!

Ein neuer Tag

Kaum, dass die dunkle Nacht zerronnen, –
lugt schon der neue Tag hervor,
noch müd`, und ganz vom Schlaf benommen,
steigt er herauf, – bald hoch empor!
Die Sonne nimmt ihn in die Arme,
verleiht ihm Kraft und Zuversicht,
dass strahlend schön zum Himmel fahre,
zu jeder Stund`, sein helles Licht!

Und was tut er, um meiner zu gedenken,
des Tages Liebreiz außer sich?
Schon in der Früh mich zu beschenken,
sein bunter Reigen kümmert mich!
Heißt wieder Leben, welch` ein Wunder,
und neues Glück mir widerfährt!
Mit jeder Weise froh und munter, –
ist sein Gewinn mir immer mehr!

Dann ist`s vollbracht, mit seinem Segen!
Er geht zu Bett in stiller Ruh`.
Sein Werk vollendet, – wie mein Streben,
zum Wohlgefallen noch dazu!
So will ich schauen, was er brachte,
der Ernte Gut, mir wohl gefällt!
Und auch, wenn nicht die Sonne lachte,
– ein jeder Tag im Leben zählt!

Morgenröte

So trau` dich nur, und sei nicht zag,
die dunklen Schleier zu zerreißen,
das Nachtgewand, das dich umgab,
in Siegeslaune abzustreifen!
Wohl ist es gar der Sonne Pflicht,
da ihre Zeit gekommen, –
taucht sie die Welt in neues Licht,
das mir den Schlaf genommen.

Wenn alles Leben aufersteht
zu hoffnungsvollen Taten,
im Banne deines Angesichts,
– dann werd` ich dich erwarten!
Des Morgens frühes Stelldichein,
weithin am Horizont, –
sollst meines Weges Anfang sein,
mein Herz sich dran erfreut!

Als hätt` ich dich noch nie geseh`n, –
begreife ich erst heut`:
Du steigst herauf, und bist so schön,
– kein Tag, der dich bereut!
In Ehrfurcht, wer dein Antlitz kennt,
im Geiste unvergänglich! –
Des Himmels Weiten, rot getränkt,
erscheinen mir unendlich!

Das täglich Brot

Es wächst die Saat, gedeiht das Jahr,
und leicht wiegt sich im Winde,
die reife Mahd ganz wunderbar, –
Gebinde für Gebinde!
Steht gut im Feld der Äcker Halm,
und füllt die nächste Garbe –
mit Erntefleiß und Zuversicht,
und golden in der Farbe!

Nun füllt das Korn bis unter`s Dach,
dass sich die Speicher biegen!
Es macht auf`s Neue müd` und satt,
der Erde reicher Segen. –
So ist der Friede leichtgetan,
für dieses Glück zu werben, –
ein Reigen, der nicht enden kann,
bei Sonne und bei Regen!

Des Lobes voll sei jeder Tag,
den wir zu leben wussten,
der friedvoll dir zu Füßen lag,
ihn mit Bedacht zu nutzen!
Der Arbeit Dank in größter Not
und hoffnungsvollem Streben,
beschert sie uns das täglich Brot,
– und auch ein gutes Leben!

Vom Glück

Weil es dich gibt,
hat jeder graue Tag
ein freundliches Gesicht.
Die Sonne, die nicht scheint,
lacht im Verborgenen, –
und doch nenn` ich es – Glück:
Ich kann es sehen,
fühlen, schmecken!
Oh Glück, du mögest niemals enden!
Weil wir dich wollen und genießen,
weil wir es lieben, frei zu sein,
drum halte an, –
bis wir die Augen schließen,
du Augenblick der Zärtlichkeit!

Wie kostbar du doch bist,
– erlesen schöner Traum!
Man muss nicht lange suchen,
um einen Bruchteil nur von dem zu finden,
was du vermagst, –
alltägliche Natur.
Nun sollst du mir gelingen!
Doch auch, wenn nicht,
so hilft kein Fluchen. –
Beim nächsten Mal,
hör` ich die Sehnsucht rufen,
halt` ich dich fest,
du, – Schmetterling,
mit starker Hand,
die sanft dich schützt,
da dich die Winde treiben,
von Ort zu Ort,
durch Zeit und Raum, –
um doch nie lange zu verweilen!

Vom Regenbogen

Seht doch nur, am Himmelszelt!
Ein Streif aus bunten Farben,
fast wie von Zauberhand bestellt, –
erscheint an manchen Tagen!

Ein Jeder blickt zu ihm hinauf
und staunt mit offenem Munde,
denn voller Pracht ist sein Verlauf,
– zu unverhoffter Stunde!

Gebogen rundes Wunderwerk, –
sein Leuchten zu bewahren,
lässt regennasse Tropfenwelt,
im Sonnenlicht erstrahlen!

Auf seiner Brücke greifbar nah,
möcht` man so gern flanieren,
den ganzen lieben langen Tag, –
in hoher Luft spazieren!

Doch bald schon hat das schöne Tor,
sein Leben überwunden. –
So wie es kam, – ging es auch fort,
im grauen Nichts entschwunden …!

Lebenszeit

Das Schicksal hat es gut gemeint
mit mir, und meinesgleichen.
Es schenkte uns zum Leben Zeit,
zu stellen alle Weichen. –
So war es oftmals mir vergönnt,
des Weibes Leib zu spüren,
das tief im Schoße Feuer fängt,
in Lust sich zu verlieren!

Was schon im Geiste mir entspringt,
um Großes zu erschaffen, –
kein Tag, der einfach nur verrinnt,
kein Jahr ich ziehen lasse, –
will ich behüten ohne Macht,
und dieses Leben preisen!
Nie hätte ich daran gedacht,
– es könnt` mich ewig speisen!

Drum schöpfe ich aus ganzer Kraft,
genieße manche Stunde!
Was jede Liebe mit mir macht,
stets mit dem Glück im Bunde, –
möcht` ich es schmieden ohne Eil`,
mein Werk noch zu erfahren, –
bis mich der Himmel ruft herbei,
mein Herz hört auf, zu schlagen!

Die Zeit

Was ist ein Tag, was ist ein Jahr, –
bist DU des Lebens langer Atem!
Strotz` ich denn schier und prall vor Glück,
wie jene Saat im Garten?
Gib mir ein Stück Unendlichkeit, –
ich bin schon jetzt dazu bereit!
Vergänglich will ich nimmer sein,
– wozu noch darauf warten!

Kommst du wahrhaftig gerad` daher, –
sind oft verschlungen meine Wege,
mit Licht und Schatten, Freud und Leid,
Gedanken, die ich hege.
Zieht deine Bahn durch jeden Raum,
vergeht die Welt zu Sand und Staub.
Vergess` ich dich, fühl` ich mich frei,
ist Balsam mir die Seele!

Ein kleiner Punkt im großen Meer,
wenn ich das Gestern klage, –
will ich mich wehren hier und heut`,
bleibt ewiglich die Frage:
Wer aber, hält dich jemals auf,
wenn du verrinnst mit stetem Lauf? –
So schlägt dein Herz und steht nie still,
– bis an`s Ende aller Tage!

Zwischen den Jahren

Zwischen den Tagen,
zwischen den Jahren, –
ruhet die Welt
im bleiernen Kleid.
Alles war, – und scheint
schon vergangen.
Wehmut und Hoffnung
machen sich breit!

Nebelverhangen,
im Gestern gefangen, –
wartet schon die
kommende Zeit!
Auf ihren Wegen,
vom Leben getrieben, –
hat sie sich vom
Alten befreit!

Auf neuen Pfaden,
samt Kummer und Klagen,
bricht nun hervor,
was dieses vermag:
Endlich zu sein,
in stillem Gedenken,
innezuhalten –
dem baldigen Jahr!

Abschied

Schwere lag in den Worten,
als ich den Hut nahm, und ging.
Hinaus in die Welt, ich doch wollte,
fort, – und die Heimat im Sinn!
Was wird die Ferne mir bringen,
wenn dort deine Stimme verhallt,
– hier junge Mädchen besingen,
in ihren Liedern erschallt,
der Kinder fröhliches Treiben,
der Mutter flehenden Gruß,
ein immerwährender Reigen,
ein langer inniger Kuss? –
Wirst du hier auf mich warten,
Freund und Gefährtin daheim?
Stolz wie die Rose im Garten,
schön anzusehen, – wie einst!
Die du mich batest, zu bleiben,
– sollst meine Ewigkeit sein!
Ich kann nicht länger verweilen,
Liebe, oh Liebe, verzeih`!
Kommt der Tag unterdessen,
wie das Schicksal es lenkt, –
ist auch dein Schmerz vergessen,
wenn du je an mich denkst!
Aber jetzt zieht es mich in die Fremde!
Bete, – doch halte mich nicht!
Bald schon, kehr` ich am Ende, –
mit frohem Herzen zurück!

In der Stille

Auf manchem unberührten Pfade,
ging ich daher, von meiner Ruh` beseelt.
Aus allem floss, an jedem dieser Tage,
was tief und treu in meinem Herzen steht.
Der Stille Kraft, sie ist allmächtig,
wenn sie denn mir geschehen kann!
Zuvor mein Treiben noch geschäftig, –
bin ganz ich selbst in ihrem Bann!

Hör` ich die Vögel hoch im Baume,
die, Liebreiz bringend, mich erfreu`n,
mit Lobgesängen und Posaune, –
will ich der Meister meines Glückes sein!
Wozu ein Wort dabei verlieren,
wenn dies allein das Schweigen bricht?
Nichts And´res soll mein Antlitz zieren,
was ich hier finde, – mir entspricht!

Um mich zu laben an des Lebens Süße,
an jedem Duft der Farben Pracht,
verweil` ich gern und sende Grüße. –
So gebe weiter auf mich Acht!
Und spür` ich sie, – die sanft mich bettet,
die warm entweicht in grüner Flur, –
kann sie allein nur mich erretten,
im Heil und Segen der Natur!

Was bleibt

Verging das Jahr in weiter Rund`,
fast so, als wollt` es fliehen,
vor jedem Tag, vor jeder Stund`,
gern lass` ich es ziehen.
Manch Übel kam, – mir blieb allein,
ihm eiligst zu entrinnen, –
sind Bitternis und Traurigkeit
mir fern von allen Sinnen!

Was gilt ein Wort der Wahrheit Lied,
der Freiheit letzte Weise, –
fliegt fort die Zeit, nimmt alles mit
auf eine lange Reise. –
So lauf` ich ihr stets hinterher,
und setz` doch alle Segel, –
verliert die Spur sich immer mehr,
da sie verhallt im Nebel!

Nun spricht mein Herz, will hoch hinaus,
und klopft, wie neu geboren!
Zwar nimmt die Sache ihren Lauf,
doch nichts ist je verloren!
Was ich erschaffen und geseh`n,
in meinem Buch geschrieben, –
es soll für immer fortbesteh`n,
– so viel ist mir geblieben!

Herbstmilde

Einst traf ein Lächeln mein einsames Herz,
und führte es je in Versuchung! –
Schon flog es davon, gleich den Vögeln im Herbst,
getragen von Liebe und Hoffnung!
Hört ihren Gesang, jener fröhlichen Zeit,
die gestern noch ruhelos klang!
Der Sorge entbehrt, zu allem bereit,
– wieder ich zu mir fand.

So fühle sich frei, wer niemandes Knecht,
getrieben von Laster und Lust!
Das Licht dieser Welt, hell und gerecht, –
es schenke ihm Wärme und Trost!
Alsbald kamen Tage, vom Dunkel gestillt,
verbargen der Sonne Gesicht. –
Mein Atem ging schwer, in Nebel gehüllt,
– sah ich das Himmelstor nicht!

Hier stand ich nun, entschlossen und müd`,
nach Großem zu streben sehr bald.
In diesem Leben, von Neuem erblüht,
ein Rufen, das niemals verhallt!
Öffnet die Pforten, mild und gelehrt,
lasst all eure Sehnsucht hinein! –
Es komme der Tag, der Friede erfährt,
– dann will ich bei euch sein!

Der Schatz

Oft liegt verborgen wie im Grabe,
der Menschheit jegliche VERNUNFT!
Sie tritt stets selten nur zu Tage,
dies ganz allein – aus einem Grund:
Seit jeher rar und knapp bemessen,
ist sie des Lebens redlich Gut, –
von Potentaten gern vergessen,
in Zank und Streit und heißem Blut!

So mancher ruft zum Aderlasse,
doch bricht die Zeit sich ihren Weg,
aus den Verliesen grauer Asche, –
tritt nun hervor, was schwach sich regt!
Schon mahnt SIE euch und bläst zum Sammeln,
wiegt schwer der eherne Beschluss, –
seid klug, lasst Neid und Dünkel fallen,
– ein guter Geist genügen muss!

Dankt jenem Schatz aus reinem Golde,
holt ihn hervor und preist ihn stolz:
Was vorher nie gelingen wollte,
reift nun heran als zarter Spross!
Noch voller Hoffnung, bleibt zu sagen,
wer weise seinem Herzen dient:
Solange ihn die Füße tragen, –
sei das verehrt, was sich geziemt!

Titanen

Wer seid ihr, Meister der Zünfte,
die ihr euch schwingt zum Himmel empor? –
Aus niederem Raum irdischer Düfte,
dringt euer Streben nun sichtbar hervor!
Gleich wollt ihr sein, den Sagen zum Trotze,
den Göttern da oben, mit Zepter und Thron?!
Vom Ruhme zu ernten, den jeder erhoffte,
euch schmücken mit Lorbeer als ewigem Lohn?!

Doch – kennt man euch gut!
Ihr standet sicher auf hohem Podest,
erhabener Geist eurer Macht, –
und blicktet herab auf mancherlei Knecht,
der euch zu Füßen lag!
So ist es geschehen!
Im Staube geboren, dem Glücke entrückt,
schien eure Hoffnung zu ruh`n, –
dem Himmel so nah, vom Lichte entzückt,
– es wie die Götter zu tun!

Stärker denn je, als alle Gewalten,
Jenen zum Spott, die zum Banne gezeugt.
Die von der Welt viele Namen erhalten, –
wer an sie glaubt, doch – wer, glaubt an euch?!
War euer Fall, ihr hohen Gerechten,
von eigenen Gnaden geführt?
Ich sage – ja!
Ihr wolltet zu viel, ihr musstet hier enden,
Milde nur dem, dem diese gebührt!
Der stählerne Glanz blieb euer Los,
niemand focht gegen euch an. –
Doch folgte schon bald der endlose Sturz,
– und all eure Tiefe begann!

Nun stellt ihr fest, wie sterblich ihr seid,
einfachen Blutes Geschlecht!
Einsam im Herzen, im Tode allein, –
ruft ihr zum letzten Gefecht!
Steht auf, ihr Titanen, aus schwelender Glut,
und senkt eure Flügel, noch heut`!
Das Leben, das schmiedet den ehernen Pflug,
– es schenke euch Liebe und Freud`!

Gestern

Gestern war kein verlorener Tag, –
ich wärmte mich in seiner Sonne!
Auch, als er dann fiel, wie ein trockenes Blatt,
golden zu Mutter Erde herab, –
denk` ich an ihn voller Wonne!

Ich bin noch bei ihm, sagt mir mein Herz,
er streichelte sanft meine Seele. –
So gehe ich hin ohne Leid, ohne Schmerz.
hätt` ich doch nur den Morgen erhört,
wenn mit dem Heute ich ringe!

Oh, holde Zeit, du hast mich gelehrt,
du zeigtest mir auf, meine Schranken!
Hast Wunden geheilt und Götter verehrt, –
gestern noch alle Hoffnung genährt,
– weiser zu sein, der Gedanken!

Göttin Mutter

Sehnsucht geleitet den Anblick der Sterne,
– alles fließt im inneren Sein.
Seht nur ihr Licht, dort in der Ferne,
wenn über uns die Nacht bricht herein!
Warm und vertraut an unserer Seite, –
spricht nur durch sie der sehende Geist!
Spüre die Kraft unendlicher Weite, –
und die Magie, seit ewiger Zeit!

Suchtet nach Wegen, groß an Bedeutung,
jagtet den Schein der äußeren Pracht,
und stelltet fest, zu eurer Erleuchtung:
Es ist die Liebe, die über uns wacht!
Treu schlägt ihr Herz, – die Wiege des Lebens,
in ihrem Schoß den dürstenden Baum. –
Anfang und Ende im Wandel vergehen,
Glückes Verzehr in jeglichem Raum!

Weise hervor, aus kosmischen Tiefen,
reicht deine Hand, die Hoffnung beschert:
Göttin Mutter, – seit Menschen dich riefen,
hatte ihr Glaube stets Heilung begehrt!
– Nun lasst die Welt zur Königin finden,
sie ist der Wahrheit leuchtender Thron!
Einzige Macht vor irdischen Dingen, –
was auch geschieht, geschehe denn wohl!

Des Menschen Wille

Des Menschen Wille ist ein Meer,
inmitten großer Ozeane!
Es wiegt und neigt sich hin und her,
im Sturm der vielen Meridiane.
Er trägt die Gischt mit breiter Brust,
an seine Ufer, – alle Tage.
Als hätte er wohl dazu Lust, –
treibt er die Welle ohne Gnade!

Sie baut sich auf wie eine Wand,
bedrohlich nah ihr Regen, –
zieht es sie hin zum flachen Land,
der Dämme Macht entgegen!
Die stellen sich ihr in den Weg,
gesäumt von üblen Taten, –
bis sich ihr wilder Atem legt,
die regungslos verharrten!

Des Volkes Zorn verhallt im Wind,
wenn alle Münder schweigen,
– doch wehe, die da draußen sind,
sind einig stark die Reihen!
So wird zur Flut, was gut genährt
von langen Ärgernissen, –
der Worte Mahnung ungehört,
kein Unheil je vergessen!

Junge Adler

Empor, empor, ihr jungen Adler,
stellt eure Flügel in den Wind!
Tragt voller Würde euer Banner,
ist ungestüm noch euer Blick!

Und habt ihr dann die Höh`n erklommen,
die lange Leiter zum Olymp,
und auch den Himmel für euch eingenommen, –
kehrt klug und hoffnungsvoll zurück!

Denn da, wo raue Lüfte wehen,
im Angesichte der Natur,
auf ihren unerforschten Wegen, –
seid ihr ein kleines Häuflein nur!

Doch aller Mut hilft euch zu siegen,
habt ihr an Kräften nicht gespart,
dem Ungemach die Stirn zu bieten, –
und Turbulenzen jeder Art!

So seht ihr denn die Welt von oben,
die euch trägt durch Raum und Zeit.
Und wilde Wetter, die da toben, –
sind auf einmal still und weit!

Meine Frau – ein Gleichnis

Geschliffen schöner Diamant,
du bist so klar im Innern!
Ich halt` dich hoch in meiner Hand,
und folge deinem Schimmer,
der jedes Licht erscheinen lässt,
als wär` es neu geboren!
Und hell wird, was im Dunkeln liegt,
– dazu bist du erkoren!

Doch aller Worte müder Fleiß
taugt nicht, um mich zu fragen:
Vermag die halbe Wahrheit schon
ein Bild von dir zu malen?!
Ich meine – ja, – seh` ich dich ganz,
trübt kaum ein Makel deinen Glanz,
der unerreichbar wirkt und schüchtern,
auf den, der vielleicht allzu lüstern,
den eigenen Marktwert überschätzt!

Nichts da!
Ich hatte Glück zur rechten Zeit,
und konnte dich erringen!
Kein falscher Zauber, der mich reut,
– so rein vor allen Dingen!
Man nehme nur die Festigkeit,
die Qualität und Güte,
an denen sich mein Herz erfreut, –
wie einst zur ersten Blüte!

Geliebter kleiner Edelstein,
höchst seltenes Exemplar,
ich könnte ohne dich nicht sein,
begehr` dich Jahr für Jahr!
Du machst mich reich ein Leben lang,
– du Seele, sanft und redlich!
Bist mit Vernunft und Stolz gepaart,
und damit – unvergänglich!

Liebste

Das Gefühl, das ich für dich empfinde,
ist groß, – und nicht von dieser Welt!
Ich nenne es – Liebe, ich weiß, was ich rede!
Zu lang war mein Weg, als dass ich nicht lebte,
als dass ich nicht wüsste, wohin er mich führt!

Fast glaub` ich, ich kann ihm nicht entrinnen,
dem Wunsch, dir ewig nah zu sein!
Ich will mit Haut und Haar in dich versinken,
ich tauche ein – und drohe zu ertrinken,
im Meer des Glücks, das mir die Rettung scheint!

Nun bin ich hier, – am Ende meiner Reise,
und alle Weichen sind gestellt.
Die Sehnsucht trug mich einst hinaus in`s Weite,
– und wieder heim, verfolgt sie mich bis heute!
Du bist der Grund, dass sie mich nicht verlässt!

Ich gäb` mein Leben, könnt` ich dich noch begehren,
sind unsere Tage längst gezählt!
Denn mit dir eins ist meine Seele,
und rein mein Sinn, weil ich nur dir gehöre,
– so treu mein Herz, das für dich schlägt!

Der Genius

Getrieben von des Tages Dauer,
gelehrt sein Wort aus frommem Mund,
irrt er nur selten, reif an Jahren,
und geht den Dingen auf den Grund.
Da sitzt er nun in langen Nächten,
gestützt das Haupt auf Hand und Arm,
den Stift in seiner starken Rechten,
und mahnt des Rätsels Lösung an!

Wohl der da tobt in warmer Stube,
vor Eifer sich fast überschlägt,
die Haare rauft im Zweifelsfalle,
bis dass der Geist sich nicht mehr regt,
scheint wie so oft davon besessen, –
– welch` kluger und begabter Mann!
Doch auch ein Tor – mit Raffinessen,
nur seinem Fache Untertan!

Was ist zu tun in dieser Lage, –
der Arme ist ganz außer sich!
Er hat gedient in dieser Frage,
die Welt staunt sehr, und lästert nicht.
Dass ihm geschieht gerecht und milde,
sehr zum Ersatz, das alte Gold!
Gebt ihm den Ruhm der letzten Tage,
er hat`s gewusst, – und stets gewollt!

Der höchst daselbst mit rotem Kopfe
und wirrem Blicke manche Spur,
verfolgte bis zum bitt`ren Ende,
– genügte sich vor allem nur!
So bleibt dies Urteil sein Vermächtnis,
kennt jede Bildung das Genie,
für alle Zeiten im Gedächtnis:
Ein einsam Herz, – das wusste viel!

Der Bote

Sei gegrüßt, du hoffnungsvoller Bote,
auf deiner Reise durch mein Reich!
Es klagt sich mit, es klagt sich ohne,
der Leute Zorn – klingt immer gleich!

Nun wandere hin in kühner Weise,
und sieh dich um auf jedem Pfad,
schlug auch der Sturmwind breite Schneisen,
in einem unbesiegten Land!

Was ist dein Wort, was deine Kunde,
führt dich dein Weg vielleicht zu mir?
Teilst du dich mit in hoher Runde,
in naher Zeit, fernab von hier?

So sei mein Gast, wie mir zu Diensten,
und labe dich bei Speis und Trank!
Schon mancher kam und ist geblieben,
ereilte ihn mein Ruf zum Dank.

In meinem Traum bestellte Äcker,
und fruchtbar alles ringsumher.
Noch ist zu tun bei jedem Wetter,
sag` aller Welt, – es dauert sehr!

Auf dem Wege

Treibt mich des Lebens dunkle Seite,
wie ihre Beute vor sich her, –
zieht`s mich hinaus, hinaus in`s Weite,
dem Lauf der Sonne hinterher!
Mich ihrem Lichte zu erschließen,
ob seiner Wonne und Gefahr,
die Augenblicke zu genießen, –
wie in der Jugend mir geschah!

Wohl gönn` ich mir des Alters Weise,
ich sei jetzt klüger und erprobt,
als noch der ungestümen Leiden,
mit Lust und Tugenden belohnt!
Und bin ich nun an Jahren reifer, –
mein Herz schlägt laut und jung wie einst,
scheint auch die Stimme etwas leiser,
– mein Wort wird doch zu hören sein!

Erlebe jetzt an manchem Tage,
auf Wegen vielerlei Gestalt,
wie ich mich am Rausche labe, –
dem Glücke nah, ob jung, ob alt!
Soll sich auch dann mein Schicksal fügen,
der wahren Liebe stets geneigt, –
wenn Stürme toben und sich legen,
bei ihr Zuhaus`, – zu stiller Zeit!

Das Geheimnis

Wie im Friede, so im Sturme,
sei des Menschen Kunst erprobt,
dass er täglich sich erschaffe,
stets vom Rest der Welt gelobt!
Nunmehr gilt es, ihm zu sagen,
– eine Bürde, wie mir scheint, –
was im Guten, noch bei Strafe,
sich nicht allen Blicken zeigt!
Nur zu diesem einen Zwecke,
hat die Wahrheit, wie man weiß,
hinter Türen und Verstecken,
einen allzu hohen Preis!

Doch wer kennt nur diesen einen –
schmalen Grat der Krämerei!
Viele Wege im Geheimen,
führten längst daran vorbei!
Und so kommt, was kommen musste:
Niemand hat mehr eine Spur,
die sich heimlich, still und leise, –
in der Dunkelheit verlor!
Dann geschieht an solchen Tagen,
was im Geiste dem entspricht, –
ob vom Hören oder Sagen,
dringt meist wenig nur an`s Licht!
Bringt hervor, und kann nicht warten,
was des Rätsels Lösung sei, –
jenen Kuss im Rosengarten,
und manch üble Heuchelei!

Doch nun schweigt, das ist der Wille,
und bewahrt für alle Zeit, –
was hinfort in diesem Sinne,
heilig und verborgen bleibt!
– Steht am Ende diese Lehre,
kaum verstummt der letzte Schrei, –
dass sich bald zum Rechten kehre,
sehr viel buntes Allerlei!

Sommerglück

Des Sommers schönste Laune,
kommt wieder über mich,
kaum, dass ich es erlaube, –
in diesem Augenblick!
Es hat im Sturm genommen,
mein Herz mit großer Lust, –
was niemals war zerronnen,
nun tobt in meiner Brust!

Wenn sanft die warmen Winde,
so leicht und unbeschwert,
betören meine Sinne, –
dies Glück mir widerfährt!
An Tagen ohne Ende,
zu seh`n in voller Pracht,
der Blüten hohe Stände,
in lauer Sommernacht.

Beschwingt will ich es grüßen,
des Lebens Elixier!
Liegt täglich uns zu Füßen, –
wohl, zu gefallen mir!
Ein jeder mag ergründen,
des Glückes Unterpfand.
Kann voller Stolz verkünden,
– dass ich`s gefunden hab`!

Ostern

Endlich bricht aus kalter Erde,
langersehnte Energie!
Wärme flutet noch recht zaghaft,
unsere Welt mit zartem Grün.
Und des Winters letzte Spuren,
die er fliehend hinterließ,
schwinden in der Märzensonne,
so, – als gab es diesen nie!

Kraftvoll strömt aus allen Poren,
neue Hoffnung in das Land,
lässt die Herzen höherschlagen,
Farbe, die das Grau verbannt!
Hört man überall ein Seufzen, –
klingt befreit der Sorgen Last!
Bunte Eier, sehr zur Freude,
frisch bemalt von jeder Hand!

Krokus, Tulpe und Narzisse
geben sich ein Stelldichein,
triumphieren, jubilieren:
Oh, du schöne Osterzeit!
Welch ein herrliches Erwachen,
– überall soll Leben sein!
Und manch` unbeschwertes Lachen,
stimmt uns wieder darauf ein!

Frühling

Nach langem Hoffen und Verzagen,
bricht nun hervor des Frühlings Duft!
Er lockt mit Grün und milden Tagen,
– schon liegt sein Jubel in der Luft!

Des Winters Spuren sind vergangen,
die Welt steht Kopf bei Mensch und Tier,
manch zarter Spross aus alten Tagen,
will hoch hinaus, und danken dir!

Steht fest der Sinn nach neuem Leben,
das fortan lachend triumphiert, –
gibt jeder Hoffnung Kraft und Segen,
wenn sich die Zeit im Jahr verliert!

Nun aber, treibt es bunte Blüten,
aus feuchter Erde licht empor!
Den Garten Eden zu behüten, –
will mich erfreu`n, wie nie zuvor!

Heimat

Gelobtes Land, ist nicht die Ferne,
ist so verlockend auch ihr Ruf!
Es sind gewiss dieselben Sterne,
die diese Welt im Nichts erschuf.
Wenn wir sie bitten und beschwören,
den Weg zu weisen immerfort, –
mag ihre Helligkeit betören,
wahrhaftig nur – an einem Ort!

Was Elternhände schützend mehren,
wo einst unsere Wiege stand,
die Wurzel allen Seins und Strebens,
von frühen Kindesbeinen an, –
soll die Erinnerung bezeugen,
gedankenschwer und tief verneigt!
Dass jeder Tag das Herz erfreue,
im wahren Hort der Seeligkeit!

Man sang ihr stets die schönsten Lieder,
trank viele Becher auf ihr Wohl,
kehrt ihr den Rücken, – immer wieder,
und trägt sie doch mit sich herum!
Die erste Liebe unseres Lebens, –
ein nie versiegendes Gefühl!
So mancher suchte sie vergebens
in fremder Nacht, mit hehrem Ziel!

Wo auch immer wir verweilen,
was einst unser Schicksal war, –
auf kleinen und auf großen Reisen,
– ist sie im Geiste für uns da!
Kann es auch sein, dass Freunde warten,
die Liebste voller Ungeduld, –
wird alle Sehnsucht uns verraten,
kommt her die Zeit, in Freud` und Not!

Mein Kind

Für Giselle, meiner geliebten erstgeborenen Tochter,
– ihr zur Freude und zum Dank

Ich war es, der dich schuf,
und der dich legte
in deine Mutters Schoß!
Ich war es, der dich bettete
in aller Welten Anfang!
Mein Antlitz, das du bist,
mein Herz, das dir schlägt,
mein Fleisch und Blut, –
mein lang ersehnter Friede!

All das bist DU!
Mein Ebenbild, – und doch,
du selbst!
Dir gönne ich das Glück,
das ich zu finden hoffte,
an Jahren viel,
der Mühen oft vergebens,
doch immer offen
Tür und Tor!

Jetzt bist DU da, –
mein langes Streben!
Sei klug und stark und gütig;
sei auch gerecht,
und trage stolz dein Haupt!
Behütet sollst du sein,
gesund und froh,
dein ganzes Leben!
Geh` deinen Weg
stets mit Bedacht,
und säume ihn mit Taten!
Was immer du auch tust
an schicksalsschweren Tagen,
so doch mit festem Glauben, –
und gebe auf dich Acht!

Was auch geschieht, –
ich werde dich beschützen,
mit Gottes Hilfe, –
und mit meinen Wünschen!
Ich bin es, dem die Sehnsucht blieb,
ihn trübt, da sie erwachte,
weil vorerst ihm verloren schien,
was er zu halten dachte!
Doch:
Ich bin es, der die Zeit besiegt,
– dein Vater,
der dich innigst liebt!

Am Meer

Einst ging ich hin zum flachen Strande,
mit leichtem Schuh auf weichem Sand.
Die Sonne, die von oben lachte,
schien hell und warm auf unser Land.
Des Meeres Wellen hört` ich rauschen,
der Brandung Lied das ganze Jahr.
Und als ich kam, ihm still zu lauschen,
war ich erfreut, wie mir geschah!

Da stand ich nun an seinem Fuße,
und blickte voller Demut drein!
Ein Wort des Glücks zu seinem Gruße,
fiel mir bei seinem Anblick ein!
Hier ist die Freiheit unermesslich!
Sie leuchtet über alle Zeit.
Dank seiner Weiten schier unendlich, –
wollt` ich darin versunken sein!

Der Möwen Schrei, vom Winde trunken.
Ein Schiff ich in der Ferne sah, –
zog gleichsam schwebend seine Runden,
hielt fest den Kurs, dem Hafen nah.
Ich blieb allein mit meinen Träumen.
Das Tor zur Welt sei mir versagt.
Doch kann mein Herz sich wohl erfreuen,
– denk` ich zurück an jenen Tag!

Einkehr

Des Lebens Tafel reich gedeckt, –
zum Sinne Schmaus geladen,
der guten Kost, in Wein getränkt,
der Seele nicht zum Schaden.
Du musst nur tun der Tage Werk,
dich mühen und nicht schinden,
von Zeit zu Zeit ein kluges Wort,
in dieser Welt verkünden! –
Schon bist du prächtig mit dabei,
gesalbt von hohen Gnaden,
dem Glücke nah`, der Liebelei,
an allen deinen Tagen!
So leg` dein Haupt in meinen Schoß,
die Augen zu zum Troste!
Ich kenne deine Sehnsucht bloß, –
kein Anderer davon wusste!
Nun kehre ein mit stolzer Brust,
bescheiden und verwegen, –
mit neuer Kraft und neuer Lust,
was gottlob dir gegeben!

Willkommen

Für Helena, meiner geliebten zweitgeborenen Tochter,
– ihr zur Freude und zum Dank

Ach, wer hätte das gedacht,
kehrst zurück nach all den Jahren, –
oh, du zauberhaftes Glück,
darf dich noch einmal erfahren!
Plötzlich ist`s, – als könnt` ich fliegen,
schaue ich in dein Gesicht!
Bringt dein neugeborenes Leben,
nun die Hoffnung mir zurück!

Alle Sinne triumphieren, –
und mein Herz stimmt freudig ein,
um mit mir zu jubilieren,
wachse heller Sonnenschein!
Werde groß in bester Weise,
lieb` und lerne unbeschwert,
dass auf deiner langen Reise,
dir nur Gutes widerfährt!

Sei willkommen hier zu Hause,
und auf dieser schönen Welt!
Sei beschützt, – wie auch mein Glaube,
dass es dir stets wohl ergeht!
Deine großen klugen Augen
sollen leuchten unverzagt,
voller Wärme und Vertrauen,
voller Frohsinn jeden Tag!

Kommst du an, dann lass` dich nieder,
wo dir Friede ist beschert!
Keine Unrast immer wieder, –
nimm dies mit auf deinen Weg!
Mögen alle unsere Wünsche
dich begleiten segensreich,
um sich einmal zu erfüllen,
heute, – und für alle Zeit!

Unsere Ahnen

Wir sind, wer wir sind,
und was wir stets waren,
fromme und liebende –
Untertanen.
Im Land unserer Väter
gesalbt und geboren, –
hat unser Herz
einen Eid geschworen:
Der Heimat zu dienen,
wie alt auch an Jahren,
im Geiste derer, –
die vor uns hier waren!
Vom selben Blute
genährt und erzogen,
auf gleicher Erde
dazu erkoren, –
mehr noch zu sein,
als Spuren im Sand!

Ihnen zu glauben,
ist aller Beginn,
ihnen zu folgen, –
ein einz`ger Gewinn!
Stolz kann ich sagen,
wenn andere mich fragen:
So bin auch ich, –
der, der ich bin!

Auf der Suche

Ich wandle und träume,
ich schwebe dahin.
Ich bin auf der Suche
nach mir.
Ich suche nach Wegen,
mir selbst zu begegnen,
und lasse mich treiben
– zu dir.

Du bist meine Welle,
auf der ich reite
durch alle Stürme
der Zeit! –
Nun kann ich atmen,
nun will ich leben!
Mein Glaube ist Hoffnung
zugleich!

Doch was ich finde
in diesen Stunden,
erscheint mir als Fels
in der Not. –
Wahrhaftig mein Streben,
dem Glücke zu dienen,
vollkommene Liebe,
ich bot!

So sei auch mein Anker
in Nacht und Gezeiten,
und halte mich fest,
– wie ich dich!
Damit ich mich finde,
mich wieder besinne!
Entdecke das Leben –
und mich!

Dein Lächeln

Dein Lächeln war mir zugedacht,
es galt allein nur mir!
Es flog mir zu in jener Nacht,
als ich geträumt von dir.
Der Traum in mir zu leben schien,
seitdem ich dich je sah! –
Nun ist es wohl um mich gescheh`n,
sein Zauber werde wahr!

Und wie ein zarter leiser Hauch,
– zieht Freude in mein Herz.
Schon mache ich davon Gebrauch,
verbanne jeden Schmerz!
Dabei war dieses kleine Glück,
das fortan triumphiert,
doch nur ein kurzer Augenblick,
der seltsam mich berührt!

Er ist für mich wie ein Geschenk,
ein lieber Gruß von dir!
Und ein Gefühl, noch schwach und fremd,
– ergreift Besitz von mir!
Dein Lächeln war so wunderschön,
oft denk` ich wohl zurück!
Ich koste aus, was ich geseh`n, –
und wachse dann ein Stück!

Wann immer du mir zugelacht,
ob Zufall oder nicht, –
hat mich dein Lächeln froh gemacht,
– und Schatten wurde Licht!

An deiner Seite

Wachse, Kindlein, und gedeihe,
edler Reife zarter Spross!
Weiche nicht von meiner Seite,
da ich dich beschützen muss!
Will von meiner Kraft dir geben,
nähren, schelten und erzieh`n.
Wache über Leib und Leben,
und lass` Freude ihm gescheh`n!

Schon in frühen Kindertagen, –
leis` dein Atem und noch schwach,
süße Träume uns verbanden,
wie manch` Sorge in der Nacht, –
galt mein Schwur vor allen Dingen,
dir, gleich einem heil`gen Gral,
Glück und Seelenheil zu bringen!
Seht nur, – dies ist meine Wahl!

All mein Herzblut soll dich tragen,
durch die Zeiten unversehrt!
Niemals musst du dann verzagen,
sei stets weise und gelehrt!
Immer wird, dich zu behüten, –
ruft die Pflicht mich auch herbei,
selbst, wenn raue Stürme wüten,
– meine Liebe bei dir sein!

Die Wächterin

Für Gundula, meiner geliebten Schwester, – ihr zur Freude und zum Dank

Ihr Auge schaut auf uns herab,
an jedem dieser Orte.
Und fühlst du krank dich,
müd` und schwach, –
nimmt sie dir Last und Kummer ab,
um deinen Leib in Sorge!

Mit wachem Blick
und großer Kunst,
das Herz an rechter Stelle,
bemüht sie sich um jede Gunst,
das Schlechte zu verprellen.

So bringt sie Heil in manche Zunft,
dem Guten stets zur Ehre,
dass Friede einkehrt
in dein Haus, –
in Körper, Geist und Seele!

Drum zoll` ihr Dank
für ihren Dienst,
auf allen deinen Wegen!
Weilt sie dir stets als stiller Gast,
– behütet sei dein Leben!

Schwesterherz

Für meine Schwester Gundi – Weihnachten 2015

Als du kamst, war die Wiege noch warm,
– und die Hoffnung wieder geboren!
Du folgtest im Blute desselben mir nach,
in Liebe für immer verbunden!

Im Herzen verschieden, die Kindheit vertraut,
einander die Bande geschworen,
verrann jeder Tag, verging jeder Ort,
– doch wir waren niemals verloren!

Du suchtest stets im Wandel der Zeit,
dein Glück auf brüchigen Wegen!
So fremd mir auch dein Sinnen erschien, –
bist du dir doch treu geblieben!

Der Sommer des Lebens, in banger Gefahr,
reift langsam zu innigem Streben, –
soll manches sich fügen, was gestern geschah,
mit deinem – und aller Welt Segen!

Am Himmel dort

Am Himmel dort, zur Tagesstunde,
zieht unermüdlich seine Bahn, –
manch` Wolkenband auf blauem Grunde,
dem Sonnenlichte Untertan.
Von früh bis spät es stets erleuchtet,
das Erdenvolk, ob groß, ob klein,
ihm Wärme spendet, – hier und heute,
heißt Leben gar, und heller Schein!

Kein Menschenkind ist je verloren,
das Hoffnung sucht und Zuversicht!
Den Wundern wollen wir geloben,
Vollkommenheit im größten Glück!
Den Vögeln gleich, will ich es wagen,
in luft`ger Höhe zu besteh`n,
von warmen Winden sanft getragen,
die Welt von oben zu beseh`n!

Dem Himmel nah, zu mir zu finden,
mir sendet Trost zur rechten Zeit,
all meine Sehnsucht dann zu stillen,
fahr` ich in seiner Obhut heim!
Wohl sein Geheimnis zu ergründen,
in seiner Weite unerreicht, –
um voller Demut zu verkünden:
… „So halte ein, ich bin bereit!"

Gute Zeit

Viel ist zu tun in diesen Gefilden,
die mich erschaffen im täglichen Sein,
im Herzen verwachsen, dem Jungen und Wilden,
verschworen mit mir auf ewige Zeit!

Bis heute in tiefer Sehnsucht verbunden,
und weiter, als jedes Auge vermag, –
blicke ich stumm, zur Liebe gefunden,
näher ein Traum, im Keime nie lag!

Denn was mich treibt zu jeder Stunde,
gleicht allen Lebens heiligem Wert, –
bin ich der Schmied meiner Gedanken,
der jeden Tag hier, im Glücke begehrt!

Und fürchte ich mich, schwach und verzagend,
schreite zur Tat ich, und richte mich auf, –
als klänge ein Lied mit großem Behagen,
von meinen Lippen, zum Himmel hinauf!

Dame mit Hund

Ein guter Tag beginnt mit – Hund,
sei er auch noch so kugelrund,
ein kleiner oder großer Beißer,
führt ihn die Dame voller Eifer!

Wie sie doch seltsam mir erscheint,
mit ihrem Hündchen, angeleint,
als wollte SIE gesehen werden,
von all den edlen feinen Herren!

Sie schaut sich um – ganz elegant,
ihr Name ist mir nicht bekannt.
Ihr Hündchen, völlig ohne Wissen,
– es möchte eilig sich entmisten!

Wobei, – der Hund ist ihr egal,
SIE heischt der Blicke erste Wahl!
Was taugt denn jener, wenn er muss,
und legt im Zweifel eine Wurst!

Das darf nicht sein, – so ihr Bemessen,
auf ihre Wirkung ganz versessen!
Und immer dicker, wie ein Bär, –
hätt` sich das Tierchen gern entleert!

Die Dame, der der Hund gehört,
hat dieses Recht ihm längst verwehrt.
Es schickt sich nicht beim schönen Laufen,
gar übel riecht ein solcher Haufen!

Doch – eine Lösung muss nun her,
ist dieses Bild auch nicht modern!
Was sollen denn die Leute denken,
wird Pluto sein Gesäß verrenken!

Sie zieht ihn weiter ohne Pause,
der Hund bekommt schon eine Krause!
Er stöhnt und bellt, der arme Tropf!
Was hat das Weibsbild nur im Kopf!

Und plötzlich folgt, welch` klarer Fall,
was mithin zu erwarten war …!
Bei allem Wimmern, – eine Klage:
Das Tier verschied, – und nicht die Dame!

Hell leuchtet der Tag

Weithin ergießt sich der Tag,
bis zum Rand in die ebene Flur.
Sein Blau wie ein Lächeln erstrahlt,
– über alle Wetter zuvor!

Ferne wandert mein Blick,
Stunde um Stunde erfüllt,
so satt – und trunken vor Glück,
bis meine Sehnsucht gestillt!

Schöner, vergänglicher Tag,
leuchte in`s Herz mir hinein!
Was du zu geben vermagst,
soll mir von Nutzen sein!

Hier bin ich, – atme beschwingt
deine Vollkommenheit ein!
Ob dir wohl Gleiches gelingt, –
weiß nur der Himmel allein!

So will ich sein

So will ich sein am Ende eines Tages,
zu schaffen mir mein Hab und Gut!
Und es zu mehren mit den Jahren,
was mir entspricht, mit Stock und Hut!

Die Liebe kam und ging bei Zeiten,
zu ernten, was sie mir versprach.
Ein Stück des Weges durft` ich sie begleiten …
Dann brach herein – ein neuer Tag.

So will ich sein, – mit Ecken und mit Kanten,
und bleiben der, der ich stets war!
Habt Dank, ihr Lieben und Verwandten,
der Gaben Fleiß und treuen Schar!

So will ich sein am Ende meines Lebens,
ein kleiner Teil von dieser Welt!
Was es auch war, – war nicht vergebens.
Der Kinder Glück, ein redlich Werk!

Von wahrer Größe

Man hört so oft in diesem Leben, –
ein and`res ist mir nicht bekannt,
die Leut` von ‚wahrer Größe‘ reden,
in mancherlei Zusammenhang.
Doch fällt mir auf, wie kann das sein,
in jeglicher Umnachtung:
Was ist denn ‚groß‘, – was wieder ‚klein‘,
bei näherer Betrachtung?!
Ist`s nur der Leib, ob kurz, ob lang,
und in Gestalt vermessen?
Oder der Geist, der ihn bezwang,
an Größe unterdessen?
Ist`s eine Haltung, die mir sagt,
von Zweifeln arg getrieben, –
‚hier ist der ganze Mann gefragt,
vom Weibe nicht verschieden‘?
Ist`s der Verzicht, dein Edelmut,
hilfreiche Hand auf Erden?
Ist`s eine Liebe, – selbstlos und gut,
die Kraft in unseren Herzen?
Was es auch sei, an Dingen viel,
auf unserer langen Reise, –
wahrhaftig groß ist dies Gefühl
im Innern, – still und weise!

Sturm und Drang

Weil wir als Gäste nur verweilen,
in den Gefilden dieser Welt,
– was ich als Heimat oft beschreibe,
war meines Vaters Gut und Feld.
So brach ich auf, mein Glück zu suchen,
an Jahren jung und ungestüm, –
fand einen Platz in fremden Stuben,
ließ keinen Kelch vorüberzieh`n!

Schwang mich hinauf, dem Tag zum Trotze,
des Lebens reiche Sinfonie, –
zu lauschen ihr, aus welchem Holze,
erklingt die schöne Melodie!
Ein Sturm in mir, schwoll an zur Stärke,
bemannte meinen süßen Traum,
der sich dabei nach unten kehrte,
und all mein Fieber nachtens auch!

Ich forschte innen, forschte außen,
verlieh der Neugier manch` Gestalt.
Mit großen Schritten, stark im Glauben,
zog mich hinaus, was längst verhallt.
Schaut die Geschichte einer Jugend, –
schon lohnt ein kleiner Blick zurück!
Eroberung – war eine Tugend,
steht wie im Buche, – jedes Stück!

Ich ritt den Wind auf meiner Reise,
blindlings davon, – den wilden Stier!
Es drängte mich auf wundersame Weise,
und trieb mich an, – fortan zu ihr!
Wollt` ich die ganze Welt umarmen, –
nichts hielte mich in jener Nacht!
Verglüht der Stern, um heimzufahren,
– ist all mein Streben erst vollbracht!

Der Sturm

Ein Sturm zieht auf am Horizont,
– welch` schaurige Gestalt!
Schleicht sich heran auf breiter Front,
zum großen Sprung bereit!
Das Unheil naht mit Groll im Blute,
die ersten Winde wehen! –
Da braut sich was aus früher Zeit,
und wird noch heut` geschehen!

Mit düsterer Entschlossenheit,
er nun zu Felde zieht!
Die Himmelsschleusen öffnen weit,
ihr Wasser sich ergießt!
Es tobt und heult in allen Lagen!
Des Wetters üble Schergen, –
sind Ungemach und Teufelswerk,
ist Hölle jetzt auf Erden!

Fegt fort, was ihm im Wege steht,
reißt mit – Baum und Geäst!
Und alles, was zum Hause zählt,
im Sturme wanken lässt!
Die Weide peitscht mit jähem Zorn,
die Luft in wildem Kleide!
Und jeder hofft aus sicherem Halt,
– dass bald der Tag sich neige!

Traum

Mir war, als ob die Welt sich legte,
in einen einz`gen großen Traum,
der lange schon mein Herz bewegte,
und das von dir, – und allen auch.
Es schien der Wunsch der kleinen Leute,
dass Friede sei, als höchster Preis,
und auch der Nachbar sich erfreue
an meinem Glück, – als wär` es seins!

Mir geht der Sinn nicht aus dem Kopfe,
worin des Rätsels Lösung liegt! –
Das reiche Land hängt nun am Tropfe,
noch immer hofft, dass Recht geschieht!
Oft ist der Mensch kein kluger Lenker,
wohl jedes Tier ihm weit voraus!
Wird nicht zum Diener oder Henker,
nimmt stets nur das, was es verbraucht!

Mir ahnt, so wird es immer bleiben,
regiert nur selten die Vernunft! –
Kehrt Sitte ein, und Lieb` beizeiten,
in jedes Haus und jede Zunft!
Erwacht, das nahe Unheil drängt zur Eile,
dass alles wieder neu beginnt! –
Es werde wahr des Lebens Weise,
so, – wie es einst geschrieben steht!

Kindheitsberge

Meinen geliebten Großeltern in Sandförde gewidmet,
– ihnen und jenem Dorfe zum ehrenvollen Gedenken, und zum Dank

Schon als wir Bub und Mädel waren,
mit kurzen und mit langen Haaren,
zog`s uns hinaus in die Natur! –
Komm`, Schwesterlein, wir wollen`s wagen,
den Berg hinauf, – er wird uns tragen,
zu schauen, was man nie erfuhr!

Mit Opa in die Kindheitsberge!
Welch` großer Tag für kleine Zwerge!
Ein Karpfenteich lag mittendrin!
Der Bauernhof, die alte Feste,
– ruinengleiche Mauerreste, –
kam uns dergleichen in den Sinn!

So ging es zu in jungen Jahren,
die halbe Welt galt`s zu erfahren,
mitunter über Stock und Stein!
Von weitem Acker nur umgeben,
hieß unser Ziel in diesem Leben:
Viel müsste zu entdecken sein!

Ob Feld und Wald, in grüner Flur,
sah auch der Winter unsere Spur.
Wir kannten keine Pause! –
Noch heute zieht`s mich mit Behagen,
in unsere Hügel, sandbeladen,

– als käme ich nach Hause …

Die alte Schule

Zur Erinnerung an meine Schulzeit in der altehrwürdigen Pestalozzi-Schule Torgelow

Da stehst du – stolz, und blickst sehr weit,
die Uhr auf deinem Dache,
und lässt in deiner Herrlichkeit,
die Kindheit neu erwachen!

Du alter Hort der Strebsamkeit,
erfüllst mein Herz mit Liebe,
erinnert mich die schöne Zeit,
dein Glanz ist dir geblieben!

Es lehrte stets, wie jeder weiß,
des Lebens Kunst zu meistern,
oh` hohes Haus, dein guter Geist,
den rechten Weg uns weisend!

Noch heute geht hier ein und aus,
sein Rüstzeug zu erlernen,
dem Algebra oft ist ein Graus, –
will er nur dumm nicht enden!

Die junge Saat hat ihr Quartier,
kann froh die Zukunft schmieden,
beim Lesen, Schreiben und noch mehr,
in Fächern sehr verschieden.

Der Schüler Eifer unentwegt,
das beste Wissen zu erwerben:
Sie alle einst, hast du geprägt,
– und so soll`s immer werden!

Hab` meine Liebe gefunden

Hab` meine Liebe gefunden,
und meines Weges Quartier!
Lächle den zärtlichen Stunden,
auf meiner Reise zu dir, –
die mich von Stund` an begleitet,
Seite an Seite in Freud`,
die mir das Lager bereitet,
– nie war ich glücklicher heut`!

Um meiner Sehnsucht Gefallen,
trage ich glänzend zur Zier:
Du bist die Rose von allen,
endlich gehörst du zu mir!
Brach deine Dornen wie Krallen,
– fand jene Nadel im Heu!
Lasst frohe Kunde erschallen,
ewiglich seist du mir treu!

Du, schöne Blume im Garten,
sollst mein Verderben nicht sein!
Will dich von Herzen erwarten,
atme mit Freuden dich ein!
Mag mich dein Duft auch betören,
himmlischer Zauber in mir. –
Kann mich wohl Kummer nicht stören,
– immer im Bunde mit dir!

Der Optimist

Er sprach mit großer Zuversicht,
und Glut in seinem Herzen, –
was wohl des Tages Schönheit ist,
und was der Sinn auf Erden.
Bedeutet jedem sein Pläsier,
dass bald der Schmerz vergehe,
genügte ihm die Hoffnung hier,
bei allem Wohl und Wehe!

So schritt er tugendhaft voran,
lag Stein um Stein im Wege.
Nur eine Kreuzung, – sonderbar,
kam ihm einst in die Quere.
Doch ging er weiter ohne Furcht,
den Gral der Herrschaft zu besitzen!
War frohen Mutes, – durch und durch,
und wollte es verrichten!

Das Schlechte hatte keine Art,
es floh in weite Ferne.
Was heute möglich, hell und klar, –
stand gestern in den Sternen.
Es galt, das Glas war noch halb voll,
nichts senkte sich zur Neige,
die Leere, die da überquoll, –
ein wundersamer Reigen!

Stets dachte er, im Glauben fest,
es kann nur besser werden!
So stand er ein, mit Fug und Recht,
lag auch das Glück in Scherben!
Und alles Gute dieser Welt,
beschwor in vollen Zügen, –
ein kleiner Mann als großer Held,
– sich immer treu geblieben!

Die stille Gefahr

Eine schmerzhaft – lehrreiche Erfahrung

Trägt einen Namen lieblicher Art,
kam zu Besuch, – wie von Dauer,
schlich sich heran, die stille Gefahr,
lag wie ein Tier auf der Lauer!

Stürme fegten über das hilflose Land,
Kälte durchdrang meine Glieder! –
Rasch brach herein, was niemand gekannt,
– rang viele Seelen danieder!

Stockte der Atem, war groß auch die Furcht,
endlos die duldsamen Tage! –
Wann kommt der Morgen, der uns befreit,
schließen ihn fest in die Arme!

Wolkenverhangene einsame Zeit,
ließ unsere Kräfte oft schwinden! –
Half mancher Segen bei Kummer und Leid,
derer, die Hoffnung verkünden!

Nun schien nicht Mangel der ganze Verdruss,
schlimmer denn jegliches Regen! –
Blieb unsere Sehnsucht, harrte ein Kuss,
auf eine Rückkehr in`s Leben!

Wurde die Ruhe zum wahren Gewinn,
Einkehr und göttlicher Friede.
Worte der Liebe, und achtsam im Sinn,
– führen die Menschheit zum Siege!

Verzehrung

‚Ich bin dein, und du bist mein‘,
so hieß es doch von beiden, –
im Eifer der Glückseligkeit,
aus ihren Mündern sorgenfrei,
von allen zu beneiden!

Kaum ist der erste Schritt getan, –
schon blickt man etwas weiter.
Der Traum erstarb noch vorm Altar!
Manch` Tag verging, der nicht gelang,
– war weder Pferd, noch Reiter!

Verzehrte sich ein krankes Herz,
von stillem Gram erblindet!
Es spürte jeden kleinen Schmerz, –
es hatte keine Hoffnung mehr,
wie noch zuvor verkündet!

So endlich scheint die schöne Zeit,
zum Leben, – und zum Klagen!
Sie dauert keine Ewigkeit, –
die neue Liebe liegt noch weit,
– ein Meer aus bunten Farben …

Im Herbst

Die bunten Blätter fall`n hernieder,
als ob sie schliefen, immer mehr …
So still und leicht wie eine Feder, –
schwebt schon das nächste hinterher.

Noch wirft die Sonne warme Strahlen,
auf Au` und Feld mit letzter Kraft.
Es reift der Wein in allen Lagen, –
bald ist auch dieses Werk vollbracht!

Wenn allerorts mit großer Würde,
der Himmel segnet wie gewohnt,
des Menschen Fleiß mit reicher Fülle,
sein Erntedank das Jahr belohnt.

Oh, seht, mir scheint ein kleines Wunder,
denn Drachen steigen hoch hinauf!
Die Kinder spielen froh und munter
im Herbst, der viele Farben braucht.

Der Wind bläst seinen Reim dazu.
Er weht weit fort, was ihm gefällt.
Wird er zum Sturm, ist`s dann genug,
der grauen Wolken in der Welt!

Die Vögel suchen vor ihm Schutz, –
ihr Sommer hier ist längst vorbei!
Und Regen spült den letzten Schmutz,
in`s kühle Aus, – mich friert dabei …

Weihnacht

Langsam zieht, – wie jedes Jahr,
wieder Liebe in die Herzen.
Ahnungsvoll und wunderbar,
gleichsam schön, zum Greifen nah,
entzünden sich die Kerzen!

Stimmt ein Wort der Seligkeit,
an zum großen Singen, –
ist die Weihnacht nicht mehr weit!
Freude schenken, bringt die Zeit,
soll in uns erklingen!

Viele Wünsche werden wahr,
– große und auch kleine.
Tief verschneit liegt nun das Tal,
festlich weiß ist`s überall, –
lädt ein zum Verweilen.

Und der Baum, schon bunt geschmückt,
für die süßen Gaben, –
sind der Kinderaugen Glück,
die im Glanze ihres Lichts,
auf das Christkind warten!

Das neue Jahr

Herbei, herbei, das Jahr scheint golden,
es brach heran als neuer Morgen,
und strebt nach wahrer Poesie!
Kaum, dass der letzte Knall verhallt,
– war es schon viele Stunden alt!

„Wohin so schnell, du Tugendreiches?
Noch hast du, Jungfer, etwas Reines,
bist voller Saft und Euphorie!"
Ich aber weiß, – und klage laut:
„Mich hat das Leben bald ergraut!"

An Kraft noch frisch und unverdorben,
heiß` ich dich wahrlich gern willkommen!
So leuchte weiter, heller Stern!
Begleite mich auf meinem Weg, –
dass all mein Glück nicht enden wird!

Gibst Hoffnung mir, ganz unverdrossen,
ist unser Ende auch beschlossen,
des Schicksals Reise unbestimmt! –
Es kommt und gilt zu jeder Zeit,
– was einst gedieh, für immer bleibt!

Leben

Wenn das Leben sich verneigt,
das wir in uns tragen,
und der Tag sein Antlitz zeigt,
Mensch und Tier sich laben. –
Höret doch, es grüßt der Specht,
hämmert hoch am Baume,
seine Höhle im Geäst,
eilt, ihn zu bestaunen!

Wenn der Tau noch in der Früh`,
gläsern steht an Halmen.
Blumen, und auch zartes Grün,
wieder sich entfalten, –
wie im Grase Maus und Wurm,
redlich sich bemühen,
und im großen Drumherum,
ihre Kreise ziehen!

Wenn das Glück auf dieser Welt,
voller Duft und Farben,
von der Liebe mir erzählt,
will ich sie erfahren!
Seht und schmeckt und fühlt es ganz,
spürt mit allen Sinnen,
seinen wunderbaren Glanz,
– wollt` ihm nicht entrinnen!

Vergangen

Zeit, –
die verstreicht …
Stunde um Stunde,
ja, jede Sekunde, die
keiner anderen gleicht,
geht dahin und stirbt ab –
wie ein herbstliches Blatt,
fällt zu Boden, –
welk und verbraucht,
für immer verloren!

Du strenge Natur,
zu Neuem geboren,
und doch – Schall und Rauch,
wie ALLES auf Erden
im Lichte verweht!
Hab` ich getan
des Schaffens genug,
für meine Lieben,
vom Tage getrieben,
– milde und klug?

Wie`s um mich steht?
Ich bat dich zu bleiben,
um bei mir zu verweilen …
Welch` Jammergericht!
Du Schreckgespenst
jeglichen Lebens,
ich halte dich nicht! –
Welch` spröde Gewissheit,
– ich hoffte vergebens!

Am Anfang

Als die Nebel sich legten,
Blitz und Donner im All,
formte sie ferne Planeten,
– Quelle im inneren Gral.
Ziehen seither ihre Bahnen,
Staub ihrer Sonne Geflecht,
Größe und Spur früher Ahnen,
gleich welchen Zeichens Geschlecht.

Wie uns die Sterne geleiten,
geboren aus Asche und Eis,
in den unendlichen Weiten,
längst vergangener Zeit!
Blicken wie Lichter hernieder,
in dem Dunkel ringsum,
leuchten sie – wieder und wieder,
wachen dort, weise und stumm!

War die Welt noch versunken,
im Banne irdischen Glücks,
einfach und freudetrunken,
– jeglicher Eile entrückt?
Ehre den alten Gelehrten,
als jeder Anfang gelang,
– und auch Mutter Erde,
wieder zu hoffen begann!

Kamen die falschen Propheten,
glaubten, doch minder gelehrt,
hielten der Welt nun entgegen,
was jeder Weisheit entbehrt!
Schien alle Freiheit im Leben,
fügte das Gute sich drein,
wollten noch klüger als jene,
– einzig Erfahrenen, – sein!

Aufbruch

Es war an einem Frühlingstage, –
ich streifte geradewegs durch`s Land,
die Kraft der Sonne zu erfahren,
die ich mit großer Lust empfand!

Und als ich so, – befreit von allem,
zu neuen Taten vorwärts schritt,
wohl Herz und Augen zum Gefallen, –
nahm ich des Weges Reichtum mit.

Da fand ich auf ergrünter Wiese,
zu meiner Freude außer dem, –
auch Blümchen viel, von zartem Triebe,
in bunten Farben, wunderschön!

Ich hielt, – erstaunt darüber, – inne,
und kniete ab, sie anzuseh`n.
Dann nahm ich gar mit heller Miene,
ein Blümlein ab, um heimzugeh`n.

Doch was ich tat, schien nicht geheuer,
schon bald erlosch sein junges Licht!
Getrennt von dem, was lieb und teuer,
– wollt` es ein anderes Leben nicht!

An der Quelle

Und immer fließt den Berg hinunter,
des Lebens kühles Elixier, –
sieh` diese Klarheit, welch` ein Wunder,
– ist seines Zeichens nahe mir!

Seit Anbeginn, – und stetig wieder,
strömt`s aus den Höhen uns herab,
in alle Niederungen Glieder,
zum Wohlgedeihen jeder Art!

An jenem Quell, dem Fels entsprungen,
vernahm ich es mit jungem Geist,
in seinem Drange unbezwungen,
kein stilles Wasser, – wie ich weiß!

Ich sah ihm zu und wollt` es fassen,
klang ungetrübt in Glückes Land,
war wie ein fröhliches Erwachen,
– glitt es mir silbern aus der Hand!

So ging ich fort in den Gedanken,
an Ufern schmal und voller Grün,
die ganz in ihrem Licht versanken,
und ließ mich treiben, – hin zu ihm!

Im Gebirge

Der freundlichen Familie B. in Seiffen und den anderen Menschen im Erzgebirge gewidmet

Auf einer Reise in früheren Tagen,
– zog es mich einst zum Gebirge hin.
Ich fuhr in den Süden, von Neugier getragen,
nach jenen Gefilden stand mir der Sinn.

Höher und höher, dem Himmel entgegen,
folgte die Kutsche dem uralten Lauf.
Die schnaubenden Rösser auf schmalem Wege,
führten sie sicher zum Berge hinauf.

An steilen Wänden, nebelverhangen,
ging jene Fahrt durch Moore und Tann.
Einsamer Fels, – wie bin ich gefangen,
von deinem Bilde im sächsischen Land!

Ihr lieben Leute, euch galt zum Gruße,
weithin erschallend, des Bergmannes Lied!
So zeigte sich mir, – bald auf dem Fuße,
was mir bislang verborgen blieb!

Bräuche und Feen, Schlösser und Burgen,
Spielzeug, Geschnitztes und hölzernes Werk,
– alles hier scheint sagenumwoben,
brennen die Kerzen auf silbernem Erz!

Die Legende vom Wasser und seinem Flusse

Getrieben sind Flüsse und Rinnen,
vom Dach hoher Berge – ich sah,
wo ihre Quellen entspringen,
zieht es sie magisch in`s Tal!

Zwischen Fels und Gesteinen,
wissend seit uralter Zeit,
gleich, welches Schicksal sie leiden,
hallt ihre Seele noch weit!

Bahnen sich Meile um Meile,
Kraft ihrer Wege durch`s Land,
Wasser, – zunächst voller Eile,
später im müßigen Gang.

Siehe die himmlischen Auen,
– welch` ein vollkommener Ort!
Friedlich den Wellen zu schauen,
drängt es sie je wieder fort.

Denn immer vorwärts sie streben,
nichts hält sie ewiglich auf,
Wasser, – die wiederkehren,
in ihrem stetigen Lauf!

Bald schon dem Meere entgegen,
jeglicher Mühe zum Lohn, –
bringen mal Unheil, mal Segen,
folgen sie gleichsam dem Strom.

Lausche dem Klang ihrer Stimmen,
an seinen Ufern verzückt,
die in den Fluten entschwinden,
– Fisch und Libelle im Glück!

Wohin meine Füße mich tragen,
kann aller Anfang nur sein!
Fließe, – so wirst du erfahren,
Leben und Hoffnung allein!

Hell leuchtet der Tag II

Weithin ergießt sich der Tag,
bis zum Rand in die ebene Flur.
Sein Blau wie ein Lächeln erstrahlt,
– über alle Wetter zuvor!

Ferne wandert mein Blick,
Stunde um Stunde erfüllt,
so satt – und trunken vor Glück,
bis meine Sehnsucht gestillt!

Schöner, vergänglicher Tag,
leuchte in`s Herz mir hinein!
Was du zu geben vermagst,
soll mir von Nutzen sein!

Hier bin ich, – und atme tief
deine Vollkommenheit ein!
Ob mir wohl Gleiches geschieht, –
weiß nur der Himmel allein!

Der Reigen

Und wieder, wie im Nichts erschaffen,
erblickt am weiten Himmelszelt,
kaum, dass er ihren Schoß verlassen,
– ein neuer Tag das Licht der Welt!

So wächst heran der nächste Morgen,
zu früher Zeit, aus erster Hand,
der, hell und froh, zu dem geworden,
nun jede Dunkelheit verbannt!

Er schwingt sich auf zum bunten Reigen,
der Lenz beginnt, der Sommer naht,
und wieder Herbst, – geht kalt zur Neige,
das Jahr, – wie es begonnen hat.

Es setzt sich fort, mal laut, mal leise,
des Wandels üppige Natur.
Nimmt alles mit auf diese Weise,
was ihr gedeiht in Wald und Flur!

Vorbei, – doch nichts ist je verloren,
sind Hof und Acker gut bestellt!
Auf altem Grunde neu geboren,
keimt junges Glück auf reifem Feld!

Schon leuchtet rot die Abendsonne,
wird bald zur stillen Sinfonie,
und spielt des Nachts mit großer Wonne,
– des Lebens schönste Melodie!

Loblied auf den Tag

Ein langer Tag neigt sich dem Ende.
Ich trug ihn bei mir jede Stund`.
Und alle Kraft, die er mir schenkte,
da ich ihn liebte, – reich und bunt!

Vom Morgentau die feuchten Schuhe,
der Sonne Aufgang erstes Licht, –
ihr höchster Stand zur Mittagsruhe,
das Abendrot zur Nacht erlischt.

Ein wenig Glück, ein wenig Liebe,
der vielen Arbeit rechter Lohn,
ein edler Geist und wache Triebe,
– das ist des Menschen guter Ton!

Auch dies und tausend andere Dinge,
hielt er für mich zum Gruß bereit.
Auf, dass es mir erneut gelinge,
ihm zu gefallen jederzeit!

Was könnte mir wohl besser werden,
weiß ich mein Schicksal nicht allein,
liegt noch dazu in meinen Händen,
– will ich des Tages Meister sein!

Sonnenregen

Der Himmel hing einst voller Geigen,
er schaute recht verdrießlich drein.
Sein graues Kleid war nicht zu leiden,
– es musste sehr viel heller sein!
Bald schon durchdrang mit wahrer Wonne,
– ein Sonnenstrahl – das triste Zelt,
der freudig schien, wohl, weil er hoffte,
ER sei das Schönste auf der Welt!

Und als er dann nach langem Kampfe,
noch mehr davon zum Besten gab,
– bei aller Mühe, die er hatte, –
in seinem Streben vorne lag!
Der Elemente hartes Ringen,
der lichte Tag sein hohes Ziel, –
doch sollte es ihm nicht gelingen,
– manch` Schauer, der zu Boden fiel!

Spaziergang im Regen

Von Papa, für Helena

Als ich mit meinem Töchterlein,
einst ging im Wald spazieren,
der Regen fiel auf uns herein,
– wir hatten nichts dagegen!

Die Pfützen lagen, groß und nass,
auf allen unseren Wegen.
Da dachten wir, nicht nur zum Spaß,
– nun auch hindurch zu gehen.

So glaubten wir der Stiefel Lust,
und wie für uns geschaffen, –
das Wasser wohl mit trock`nem Fuß,
nach hinten zu verlassen!

Dann sprangen wir mit keckem Blick,
vor Freude einfach weiter,
und lachten laut der Tropfen Glück,
– des Lebens froh und heiter!

Mainacht

Nach kurzen Tagen, kühlen Nächten,
gefangen in der alten Zeit, –
sind wie befreit des Lebens Säfte,
nun endlich wach, ein neuer Geist!

In lauer Luft will man sich üben,
im Maienduft zu frischer Tat,
beim Tanze sich auf`s Neu` verlieben, –
sind froh beschwingt schon, Jung und Alt!

Doch friedsam brav geht`s nimmer zu,
das Herz will sich beweisen, –
und tief im Innern einst`ger Ruh`,
aus seinem Bett entgleisen!

Es jubelt schon des Eifers Glück
im großen Lustgewimmel!
Mit aller Kraft fliegt es verzückt,
empor zum Abendhimmel!

Auf Drahtes Esel

Für einen guten Freund

Komm`, lieber Freund, – wir wollen radeln,
die Sonne lädt uns dazu ein!
Dies schöne Land wohl zu erfahren,
– soll unseres Weges Anfang sein!

Auf Drahtes Esel ohne Eile,
die Hand zum Gruße, manche Spur,
und im Gepäck, – nur Wald und Heide,
zu freien Blicken, Feld und Flur!

Da steht das Korn noch gut auf Halmen,
so kerzengerad` und säuberlich, –
hört` man den Kuckuck widerhallen,
– erfüllt mein Herz, des Sommers Glück!

Sind voller Lust dem Abenteuer,
Pedal und Sattel immerfort, –
entdecken Wildnis und Gemäuer,
der Heimat Lied, an jedem Ort!

Noch mehr vermag ein Tag zu glänzen,
wenn wir erkennen jetzt und hier, –
dass Wurzeln *einen,* und nie enden,
– wie einfach schien` das Leben mir!

Verborgen

Ich kann es fühlen, ich kann es sehen,
was eines tieferen Blickes begehrt,
halte ich inne, da sie vergehen, –
schaue den Wundern auf meinem Weg!

Wie sie mich täuschen, – lichte Gestalten,
hinter den Welten, Baum und Geäst,
sind sie mir nahe, sich zu entfalten,
so meine Stille, sie wahr werden lässt!

Uralte Wesen, – mir zum Gefallen,
lauschen der Quelle, dem ewigen Geist,
werde ich eins mit den Gewalten,
lehren mich Demut und Wissen der Zeit!

Und ich erkenne, in meinem Glücke,
ahnungsvoll, mit dem Herzen voraus,
dass es mich trägt – in seiner Mitte,
wand `re ich fort, zum Tore hinaus!

Gegeben

Wenn mir gegeben Leib und Leben,
dass ich`s erfülle gut und gern,
mit hohem Haupt auf geraden Wegen,
sind mir die schlechten Dinge fern.
Trag` ich mit Müh` die Last des Tages,
– ein Andermal mit großer Freud´,
hat jede Lüge etwas Wahres, –
und jede Wahrheit, ihre Zeit!

Den Berg hinauf, so will ich streben,
mich halten, wagen – ohne Furcht!
Kein Gipfelsturm des Sturmes wegen,
soll mich geleiten da hindurch!
Und ist`s auch nur ein kurzer Sommer,
der mich zuweilen hoffen lässt, –
nimmt mir sein Atem allen Kummer,
schleicht er sich fort, halt` ich ihn fest!

Was könnt` ich sonst mit ihm beginnen,
schafft dies mehr Liebe als Verdruss!?
Kein Jahr darf einfach so verrinnen,
– zu schade, dass es enden muss!
Doch möcht` ich leben und genießen,
stets mit Behagen fleißig sein, –
und jeden Tag auf`s Neu` beschließen:
Mir geht es wohl, bin nicht allein!

Das alte Lied

Manche sagen, das Glück liegt so weit,
– viel zu weit, um es je zu erringen!
Dabei wäre ein jeder bereit, –
die wahre Liebe für sich zu gewinnen!
Sie aber blicken recht armselig drein,
und fragen mit traurigem Herzen,
– als würde es das Letzte sein:
„Was soll morgen mir werden?"

Als die Welt noch sorglos erschien,
die jungen, verwegenen Jahre!
Und jede Zeit, gereift und verzieh`n,
dachte der besseren Tage, –
hörte sie klagen mit leichtem Verdruss,
und bangen Mutes derselben:
„Es kommt, wie es kommen muss,
die da im Lichterglanz schwelgen!"

Das Leben hält einen großen Kelch
bunter und vielerlei Gaben.
Das alte Lied, – nicht immer gerecht,
wissend, und doch voller Narben!
Es macht, was es will, – zuweilen geschwind,
dann spottet es meinen Gedanken!
Lohnend scheint mir ein einz`ger Gewinn,
so, – wie die Alten es sangen!

Nun eifere dich, wenn Hoffnung besteht,
hab` Maß mit allen Getieren, –
und jedem Gewächs, das einsam vergeht,
und jenen, die oftmals verlieren!
Ertönt der Ruf zum letzten Gefecht,
will ich es würdig vollbringen.
Kein morscher Ast, der modert und bricht,
– wohl dieses Lied auf den Lippen!

Dank an die Eltern

Aller Fleiß kann Neues richten,
und ist nicht Sache der Natur.
Ihr ganz allein seid Herrn im Lichte,
– kein Anderer von der Statur!

War dies doch stetig euer Mühen,
den Nächsten hilfreich, treu und nah,
der Kinder Sorgen stets verziehen,
am Herzen rührten immerdar!

Der Fels ragt hoch, kam nie in`s Wanken,
bei keinem Sturm, zu keiner Zeit,
die einst im Wellenmeer versanken,
und suchten nach des Ankers Halt!

Was so geschah durch Fleiß und Bande,
soll ewig sein und hier bezeugt!
Mein Dank gilt euch für all die Jahre,
denn was ich bin, – bin ich durch euch!

Mutter und Vater

Ach, Mutter, wie soll ich`s begreifen,
das Rauschen der Blätter am Hang?
Dort stehen die uralten Eichen,
oft lausche ich ihrem Gesang.
Ihr weisen Getreuen!
Ich kann es bezeugen, –
sie fühlen wie du Freud` und Schmerz!
So stark deine Seele,
wohl in deiner Nähe, –
ist voller Wärme mein Herz!

Ach, Vater, gütiger Vater,
du lehrtest mich Ehr` und Verstand!
Bist stets mir ein guter Berater,
dein Leben, ein aufrechter Gang!
Du schaffst bis zum Ende
mit fleißigen Händen,
gar redlich auf eigenem Feld!
Kein Klagen und Leiden,
– doch Liebe von beiden,
als höchstes Gut dieser Welt!

So viele Jahre

So viele Jahre erzählen die Zeit,
endlos erscheinen die Wälder!
Und wie sie sich zeigen im wechselnden Kleid,
 – werden wir älter und älter.

Leben erwachte zu neuer Gestalt,
fruchtbar das Feld und die Mieder.
Und während ich schlief, es nimmer verweilt,
 – erinnert es sich seiner Lieder.

Wie es sich regt, ist so lange her,
steht über uns in den Sternen.
Und doch ist`s geschehen, – ich weiß es noch sehr,
da es erklang aus der Ferne!

Was ich einst lobte, als Knabe schon fand,
wieder im Jahre vergangen, –
heb` ich das Blatt mit zittriger Hand,
von seiner Schönheit gefangen!

All unseren Lieben, in Würde ergraut,
so viel Jahre verschieden, –
gedenk` ich mit Stolz, im Fleiße erbaut,
treu ihrer Wege geblieben!

Der Name

Sei gut mit mir, ich bin dein Name,
zu lesen stets auf dem Papier!
Trug dich die Zeit, gereift an Jahren,
bin ich dein Schatten an der Tür.
Ich folge dir, – wohin auch weichen,
du zeugtest mich doch mit Bedacht!
Bin dir vom Blute ohne Gleichen,
und all dein Streben in der Nacht!

So fütt`re mich, du sollst mich lehren,
hast deine Sehnsucht längst gestillt,
fließt deine Kraft in meinen Adern,
mit selbem Puls, auf selbem Schild!
Ich erbte deine Art zu lachen,
sind Augen, Mund und Nase dein.
Und wenn wir morgendlich erwachen,
– wird das des Tages Schicksal sein!

Wie könnt` ich ohne dich bestehen,
verleug`ne ich mein eigen Fleisch!?
Wenn Zeit und Ehre bald vergehen,
was leer und nackt vom Ruhme bleibt?
Oh nein, ich muss es mir verdienen,
der Ander`n mancherlei Geschwätz!
Mein Name ist, – des Goldes wegen,
ein schmaler Grat, doch mein Gesetz!

Zuweilen möcht` man ihn verdammen,
noch lauschen seinem schönen Klang,
und die ihn einst für uns ersannen,
für immer, bis zum letzten Gang! –
So will ich heißen guter Dinge,
was mich befreit von alter Last,
– und wär`s allein mein eigener Wille,
der mich vor dir besonders macht!

Hoch zu Ross

Der langen gemeinsamen Zeit unserer Familie mit den Pferden gewidmet

Hoch zu Ross, die holde Dame,
saß im Sattel, stolz ihr Blick.
Mit dem Tuche, so beim Traben,
winkt die Edle gern zurück.
Sorglos, über Felder schwebend,
durch des Waldes Frohnatur,
schön und prächtig anzusehen,
dies, mit stattlicher Figur!

Doch dann knackt` es im Gebüsche,
wohl ein Ast zerbrach entzwei.
Welch` ein Frevel, welche Tücke,
schon war`s mit der Ruh` vorbei!
Denn das Pferdchen hörte schnelle,
lief und lief in Angst davon,
 – und die Dame, auf der Stelle,
war erwacht zu schrillem Ton!

Plötzlich klein und schreckbesessen,
klammernd sich am Halse fest,
Zaum und Zügel längst vergessen,
schien ihr jedes Mittel recht!
Rief um Hilfe, Herr und Himmel,
dass es beiden angetan, –
sie allein hielt ihren Schimmel,
– nur mit Mühe wieder an!

Eilig stieg vom Pferd herunter,
heil an Beinen, Kopf und Arm, –
voller Ehrfurcht banger Wunder,
– jene Dame, die nun kam!
Noch im Geiste früher Tage,
als das Glück sie reich beschied,
stellte sie sich diese Frage, –
da sie hoffte, – und nicht fiel!

Als ich ein kleiner Junge war ...

Als ich ein kleiner Junge war,
der kurze Hosen trug,
und der die Zeit noch nicht verstand,
in die es ihn verschlug, –
da war die Welt für mich so schön, –
zu schön, um zu versteh`n,
was diese Welt zusammenhält,
und warum sie sich dreht!

Als ich ein kleiner Junge war,
von allen sehr geliebt,
den Buddelkasten auf dem Hof,
stets für das Beste hielt, –
da war die Welt für mich so groß,
zu groß, um zu versteh`n,
dass diese noch viel größer ist, –
so weit kann man nicht seh`n!

Als ich ein kleiner Junge war,
mit traumerfülltem Blick,
der Wünsche hatte, gerad` so viel,
wie jedes andere Kind, –
da war die Welt für mich so stark, –
zu stark, um zu versteh`n,
dass alles Leid, das sie erfährt,
des Menschen Glück vergeht!

Auf alten Pfaden

Mein Auge streift den Horizont,
– des Weges ferne Ahnung,
verheißungsvoll, auf altem Grund,
in freudiger Erwartung!

So wandle ich seit früher Zeit,
auf mir bekannten Pfaden.
Mein Herz ist stets dazu bereit,
an diesen sich zu laben.

Und hat sich zudem eingestellt,
das Glück, das fest sich zeige,
gibt`s einen Ort auf dieser Welt,
vor dem ich mich verneige!

Hier kann ich sein, wie`s mir gefällt,
zu folgen meinem Triebe!
Kein Mittel, das im Buche steht,
nur ein Gefühl der Liebe!

Vertrau` ich ganz dem hohen Wert,
der fortan mich geleite,
umarme ich, – von mir verehrt,
die Ahnen meiner Reise!

Für mich allein

Welch` hohes Gut war mir beschieden,
welch` guter Geist ist mir bereit!
Ich bin des Tages Last zufrieden,
und auch der Abend liegt nicht weit.
Was könnt` an Liebe ich bestellen,
mich herzen, richten und verseh`n?
Ein Narr, all die Gelüste zu verprellen,
auf jeder Bühne zu besteh`n!

Ich sang ein Loblied auf die Ander`n,
und wer`s verdient, – noch immer heut`.
Ich will es gern, doch warum hadern,
gar mit mir selbst, zu mancher Zeit!
Ein wahrer Meister meiner Künste,
geschmiedet aus der Mitte Kern,
mit braver Hand, zu meinen Wünschen,
aus meinem Sumpfe sie gehör`n!

Erwart` ich nichts, höchst euren Segen,
sucht mich das Ende milde heim!
Und halt` ich stand, ihm zu begegnen,
darf ich noch lang des Glückes sein!
Sind Kraft und Hoffnung mir geblieben,
bei grauem Haupte, müdem Glanz,
und großem Dank an meine Lieben.
Denn was ich tat, – ich tat es ganz!

Wie gut ich bin, ich muss euch sagen,
auf meinem Aste stets begehrt!
Er kann so viel an Kummer tragen,
was mich die Jahre oft gelehrt!
Und als ich schrieb hier diese Zeilen,
des Mutes voller Tatendrang, –
und frohen Blickes, mich zu leiden,
fing ich sogleich – zu leben an!

Mein Liepe

Dem kleinen Dorf Liepe in der Ueckermünder Heide und seinen Einwoh-
nern zur 670-Jahr-Feier im Mai 2024 gewidmet, – meinem Heimatdorf, wo
Vieles seinen Anfang nahm, – für immer auf`s Engste verbunden, meiner
Familie, dem Ahnenbunde Lorenz, Dietrich und Ahrens

Beginnt mein Herz, wie wild zu schlagen,
kommt mir nur Sanftmut in den Sinn,
wird mir so leicht der Kindheitstage,
– steht meine Wiege ewiglich!
Wo Wald und Heide sich berühren,
im hellen Sand der alten Drift,
einst Bauern ihre Kühe trieben,
am nahen Fluss die Wiesen sind.

Ein kleines Dörfchen – liegt vergessen,
im Tal der wechselvollen Zeit,
mir aber, ganz von ihm besessen,
ist seine Seele unerreicht! –
So halt` ich Hof, als wär` ich König,
sie eint mein Leben, wie ein Band,
wächst der Wacholder, treu und redlich,
auf meines Weges kargem Land!

Ihm zoll` ich Dank, gilt all mein Hoffen,
und finde Frieden – hier allein!
In meiner Liebe übertroffen, –
möcht` ich bei meinen Nächsten sein!
Doch spüre ich in tiefem Leibe,
der Heimat Anfang und Gewinn,
zieht es mich schon in ihrem Keime,
– zu meinen einzig` Wurzeln hin!

Reifung

Der Tag schien reif, mich zu versuchen,
aus meinen Gründen zu ersteh`n,
die neuen Götter anzurufen, –
derweil nun meinen Weg zu geh`n!
Ich nur allein, Herr meiner Gaben,
Kraft meiner Quelle mir geschah,
ließ mich zum Tor des Himmels tragen,
– und ich verstand, dem Aufbruch nah!

Mein Herz, wie man ein Ei behütet,
war anfangs jeder Schritt auch klein,
aus jenem Nest, das mich erbrütet,
drang nie ein Fluch zu mir herein!
Ein weiser Ort, den ich verehrte,
die Flügel anhob vor dem Wind,
dank seiner Liebe, ich begehrte,
die halbe Welt – ein Labyrinth!

Ich ging im Hain der Lust spazieren,
im Garten Eden ein und aus,
man lehrte mich bis heut` Manieren,
ließ mich in Abgrundstiefen schau`n!
Um einen Hauch, wär` es entschieden,
doch nein, es wachte über mich, –
das junge Glück gar zu verspielen,
die Karte fiel, nicht aber – ich!

An allen Tagen ohne Schande,
in mancher Prüfung, die gelang,
strebt` ich nach mehr, sehr wohl im Stande,
– das ganze Leben ich gewann!
Schon bald erwuchs zu großen Taten,
indes befähigt und bereit, –
mein Geist, die Sitte zu bewahren,
was er erfuhr seit früher Zeit!

Angekommen

Als es begann, – und Flügel mir wuchsen,
und Haare sprossen aus Wange und Kinn,
im Federkleide, – wie Götter es trugen,
strebte denn ich, nach Größe und Sinn!

Wie es sich fügte, stets reifer an Jahren,
Fenster und Türen, sie schlossen mich ein,
in dunklen Nächten, – an hellen Tagen,
zog es mich fort, – auf der Suche allein!

Durchschritt ich die Zeit wie ein Fremder,
wo ich verweilte, zu meinem Gewinn, –
rückte mein Ziel doch näher und näher,
nach jedem Aufbruch, zu neuem Beginn!

Wer ich auch war, – es sollte mich kleiden,
in Windeseile, dem Altern ein Graus!
Ich aber kam, um für immer zu bleiben,
zu meinem Glücke, – endlich zu Haus`!

Geblieben

Da fuhren sie hin,
– die reisenden Fremden,
nur immer hinfort, –
zu den schneeweißen Stränden!
Nach allerlei Traum,
stand ihnen der Sinn.

Ich aber, – blieb,
ließ andere ziehen.
Kein Wind, der mich trieb,
die Sehnsucht empfinden.

So ist`s noch heut`. –
Drum wart` nicht auf mich,
ich will es verkünden!
Denn ich bin es leid,
den Anker zu lichten,
in meinem Neste,
der Ferne zu dichten, – warum?!
Ihr Ruf, wie mir schien,
auf ewig verstummt.

Und wär`s mir genug,
am Morgen zu geh`n,
– es wäre nicht klug, –
war der Abend doch schön!

Im Spiegel – eine Selbstbetrachtung

Wer ich auch bin, – du kannst es ahnen,
– scheinst mir das Höchste meiner selbst,
vor diesem Bilde nun gefangen,
fast, wie von Geisterhand bestellt!
Wie nennt man dich, da du dich zeigtest
– in meiner einzigen Natur!?
Ich bin dein Herr, – du aber, zeichnest –
im gleichen Maße die Figur!

Ein Trugbild wohl, gerät in`s Wanken,
– mir schlägt das Herz am rechten Fleck,
erhob`nen Hauptes, ihm zu danken,
das mich in meinem Ganzen kennt!
In meiner Mitte zu entfachen,
ein Leben, das mich freudig stimmt,
und mich mit Liebe zu betrachten,
bevor der Tag zu Ende geht!

Erfahre ich, im Gestern schwelgend,
bald meiner Träume Sakrament?
Erblicke vor mir Eindenselben,
dass Wahrheit sich vom Kopfe trennt!
Mit off`nen Augen will ich`s wagen,
stets zu erkennen meinen Sinn,
mag meine Haut zum Spiegel tragen,
– und doch der bleiben, der ich bin!

Unsere Susi

Geboren im Juni 2010, gestorben am 13. Juni 2023, warst du 13 schöne Jahre bei uns. Danke dafür. Wir werden dich nie vergessen!

Es war einmal, – so wird geschrieben,
– und ewiglich zu lesen sein,
da ein Kaninchen namens Susi,
einst zog in unser Häuschen ein.

Dem Kinde zum Geburtstagsfeste,
war alle Freude riesengroß,
und als Geschenk, bestimmt das Beste,
sein buntes Fell auf jedem Schoß!

Und so verging mit stillem Eifer,
was Jahr um Jahr bedeuten kann,
in Liebe wuchs, und wurde reifer,
– die kleine Susi bald heran.

Hat später dann, in neuer Runde,
ein anderer Löffel sich gesellt,
mit unseren Herzen fest im Bunde,
für lange Zeit in trauter Welt.

Es kam der Tag zum Abschiednehmen,
die Kraft in ihren Gliedern schwand!
Stets treu und brav, die gute Seele,
– nun lebe wohl und ruhe sanft!

Hier und Jetzt

Ich bin des langen Wartens müde,
mein Herz will öffnen sich ganz weit!
Es ruft herbei, was mir verloren bliebe,
zeigt mir das Tor zur Ewigkeit.

So ist vergangen, was ich liebte …
Noch immer, ehe es verging, –
aß ich das Brot zu guter Miene,
es nährte mich mit reichem Sinn!

Was mich erwartet wohl an Jahren,
gäb` ich es her – für manchen Kuss,
selbst, wenn ich dieses Trugbild ahnte, –
wär` es der Wahrheit kühnster Schluss!

Doch bin ich hier, – mit mir im Bunde,
bekenne mich, berühr` mich sacht!
– Dies ist mein Tag, – dies meine Stunde,
nie hätt` ich besser es vollbracht!

Herz allein

Mit schwerem Herzen muss ich klagen:
Ich habe mir nichts mehr zu sagen.
Ein Anderer ist nicht in Sicht, –
der schon am Morgen mit mir spricht!

Kam es zum Streit der ernsten Worte,
von dem man Klärung sich erhoffte,
da schwand bei Zeiten immer mehr,
– in Bitternis, die Liebe sehr!

Nun bin ich stets mit mir allein,
dies aber sollte gar nicht sein!
Ich möchte diesen Jammer nicht,
– und gehe mit mir in`s Gericht!

Was soll ich tun an Tag und Nächten,
die fortan Einsamkeit versprechen,
nicht steh`n auf meinem Lebensplan!
Wen schaue ich mit Freuden an?

Was hier geschieht, kann ich nicht glauben!
Die Sache will so recht nicht taugen!
Ich suche mir, bei allem Schmerz,
– ein neues Glück, das mich erhört!

Begehren

Wie einsam du mir scheinst,
– begehrtes Weib,
dein Blick spricht Bände!
Auf, dass ich mich bald ganz verschwende,
was Mann so tut, ist er bereit!
All dies gereicht mir nun zur Ehre,
es dir zu tun mit großer Würde,
und Lust, –
die inbrünstig mich treibt!

Da ist schon wieder das Verlangen,
das stets mich nährt an seinem Busen,
– ein lebenslanges Labyrinth!
Um das zu finden, was ich suche,
bin ich es hundertmal gegangen,
hab` mich verlaufen immer mehr,
und dort, wie einst, darin gefangen,
– schau` ich der Liebe hinterher!

Es ist ein Spiel und doch, – mitnichten!
Oh, ich armer blinder Tor, –
es kann mich trösten, mich vernichten,
– nie war ich klüger, als zuvor!
Wohlan, – die Säfte sprießen,
hier hat die Klugheit keinen Platz!
Sie wird das Schöne mir verdrießen,
das just mich drängt und Leiden schafft!

Drum halt` ich aus, den Bann zu brechen,
läuft mir die Zeit des Weg`s davon!
Soll ich erneut die Segel stechen, –
der langen Suche schmaler Lohn?
Was mir denn bleibt von meinem Glücke,
begehr` ich es wie einen Traum,
da es nur Stunden mich verzückte,
des Herzens Ader, jedoch, – kaum!

So halte an, verweile doch!

Als ich dich sah an einem Sommertage,
– schon träumte ich von einem neuen Glück.
Vom Blitz getroffen, welche Plage,
sank ich dahin und wusste nicht zurück!
So halte an, verweile doch, –
du schmeichelst meinem Herzen,
gar in der Tiefe, – bis zum letzten Gang!
Ich kann es fühlen, da ist mir nicht zum Scherzen,
in deinem Dunst, fang` ich zu leben an!

Mir ist so wohl in meines Körpers Mitte,
erblick` ich dich, – und atme jeden Tag!
Von Anbeginn, wie ist es bei mir Sitte,
bin ich dir gut, nicht nur im Überschwang!
Wie durfte ich dem Schicksal nur begegnen, –
solang` ersehnt des weiten Himmels Stern!
Das Wunder naht, und soll nie wieder gehen,
– nun hoffe ich, des Weibes guten Kern!

Endlich

Auf der Suche nach dem wahren Glück,
zählte manchmal nur der Augenblick.
Und sei es nur für eine Nacht,
die die Einsamkeit vergessen macht,
dem Alleinsein zu entfliehen! –
Und wär` sie auch ein schwacher Trost,
 – könnt` ich mein Herz doch nie belügen!

Wenn selbst das Glück mir wie ein Traum erscheint,
den man sehr oft im Leben träumt,
– geb` ich die Hoffnung niemals auf,
ein Wunder nimmt noch seinen Lauf!
Dass Recht geschieht, ist mein Bestreben!
Wird Liebelei zur Leidenschaft, –
kann ich mich ihrer kaum erwehren!

So will ich warten, bis mein Herz mich ruft.
Es soll mir sagen, wann die Eine kommt,
von der ich weiß, dass Sie es ist,
an der mein Glaube nicht zerbricht!
Mag mancher Sturm sich auch erheben!
Behüt` ich sie mit meiner Kraft, –
kann ich von meinem Schicksal zehren!

Und bin ich endlich aus dem Schlaf erwacht,
der mich so lange blind gemacht, –
erkenn` ich DICH und muss erfahren,
DU warst mir nah in all den Jahren,
– doch ließ ich meine Blicke schweifen!
Manch` Schleier noch, der dich verhüllt,
bin ich bemüht, – dich zu begreifen!

Nur mit dir bin ich froh

(Kleines Rondo – Arie)

Nur mit dir bin ich froh,
kann ohne Scheu den Tag beginnen.
Er wird mir nur Gutes bringen,
weil du da bist, und mich liebhast,
und weil du dich so gut anfasst …
Sieh` mein Herz, es lacht dir hell!
Freudig hüpft es hin und her!
Was wird morgen aus uns werden,
meiner Liebe hier auf Erden!
Denn ich weiß es lange schon:
Nur mit dir fühl` ich mich wohl!

Nur mit dir bin ich froh,
immer will ich dich gewinnen,
stets ein Loblied auf dich singen,
du, – ein einzig langer Kuss,
darfst nie enden, meine Lust!
Deine Augen, welche Zier,
und ihr Glanz, sie schmeicheln mir!
All mein Glück soll dir gehören,
kann mich deiner nicht erwehren!
Hört es heut` und balde schon:
Nur die Eine macht mich froh!

Der Kuss

Weil beider Herzen höherschlugen,
und sich vereinten voller Glück,
als Amors Pfeile Namen trugen,
– der Größe dieses Augenblicks,
da musste einfach nur gelingen,
dass jenes Treiben hier begann,
und unsere Münder Feuer fingen,
– schon sprachen sie einander an!

Welch` innig Beben, zärtlich Saugen,
erfuhr der Zunge ganzes Leid,
– die wollte sich der ander`n trauen,
verschlungen bald in Raum und Zeit!
Wie würde dieses Spiel noch enden,
in tiefer Höhle der Verkehr, –
sich derart maßlos zu verschwenden,
– bei allem Glücke und Verzehr?!

Und so geschehen – viele Male,
ob sanfter Gruß, denn Herrlichkeit,
wild in den Nächten, brav am Tage,
– schien jeder Kuss dazu bereit!
Verlor er sich in tausend Dinge,
der wahren Liebe zugewandt, –
und weilt bis heut` in unserer Mitte,
– für seine Schönheit wohl bekannt!

Friede sei mit mir!
(... und immer lockt das Weib!)

Es schaut die Lust aus großen Augen.
Sie hält mein Herz mit festem Griff!
Sie kommt daher auf langen Beinen,
und trägt ein Lächeln im Gesicht.
So schön kann doch ein Mensch nicht sein,
der Ehrlichkeit und Frieden meint!
In jedem von uns schlummert tief,
ein süßer Traum, – der Sehnsucht Lied!

Und manchmal, wenn es wohl so scheint,
dass die Vernunft mich nicht erreicht,
– befreit mich nicht von meinen Qualen,
und scheltet nicht dem edlen Geist!
Mag doch der Himmel auf mich warten,
bis sich mein Schicksal hat erfüllt,
den Duft der Sünde einzuatmen,
– und alle Neugier sei gestillt!

Ich kann es drehen oder wenden,
man kann es halten wie man will,
– dies als ein Laster hinzustellen,
wär` dieser Sache zu gering!
Zumal ein solches Unterfangen,
in hohem Maße mir entspricht,
von diesem Glück nicht abzulassen,
weil, – ewig jung, ist mir der Sinn!

So will ich denn, die Anmut stets genießen,
und der Versuchung niemals widersteh`n!
Was hindert mich,
den Tag mit Liebe zu beschließen, –
und auch des Nachts, vor Sehnsucht zu vergeh`n?!
Wer möchte da mit seinem Leben hadern,
wenn pur und prall der Sinn sich beugt,
in der Erfahrung schöner Dinge, –
nur Leidenschaft, kein Zweifel bleibt?!

Nun stelle ich mir oft die Frage,
wohin mein Treiben mich noch führt!
Das Weib zu preisen, kann nicht schwer sein,
ihm zu genügen, – jedoch sehr!
Ich wollt`, ich könnt` all das besitzen,
was mein Verlangen so belebt! –
Dann würde ich mir Frieden wünschen,
und hoffen, – dass er nie vergeht!

Mein Herz

Will meines Herzens Lust ich stillen,
– bin ich ihm selbst höchst zugetan,
umgebe mich mit schönen Dingen,
dass es mir freudig schlagen kann!

Und möcht` es schwer in sich versinken,
da Übel naht, und Ungemach, –
und droht, vor Schmerz gar zu ertrinken,
– so dient es mir doch treu und brav!

Mal ist`s verliebt bis über beide Ohren,
dass Engel singen wie im Chor, –
und scheint es wieder fast verloren,
– glaubt es ganz fest, wie nie zuvor!

Tagein, tagaus, die gute Seele,
– nun möchte ich ihm Gleiches tun,
in meiner Brust mir stets das Nächste,
in meiner Haut, sich auszuruh`n!

Vorbei

Wenn Tag und Nacht im steten Kreise,
auf`s Neu` beginnen ihre Bahn,
und enden in derselben Weise,
– fängt alle Zeit von vorne an.

Schon ist`s gescheh`n, was soll ich klagen!
Wär` mir doch dieses einerlei!
Was kann ich tun, denn ohne Frage,
– geht auch der Sommer bald vorbei!

So schön, wie er zu mir gekommen,
und ich in seinen Armen lag, –
schien er im Grunde fast zerronnen,
kaum, – dass ich ihn vernommen hab`!

Bin denn so sterblich ich und leise,
dass einmal endet meine Spur?
Erwart` ich dich, du Engelsgleiche,
dann sei mir nah, – ein Weilchen nur!

Erlebe ich des Tages Wunder,
zu jeder Stunde seiner Gunst, –
erfreut`s mein Herz, die Welt wird bunter.
Wohl dies allein, – ist meine Kunst!

Der Egoist

Ich – bin der König der Welt,
mich haben Menschen erschaffen,
samt meinem Throne,
auf dem ich gewähre,
zu handeln, zu wandeln,
wie steht mir der Sinn!
Bei all meinem Glücke,
– ich kann es nicht lassen!
Zu meinem Geschicke:
Ich bin, der ich bin!

Dort auf dem Berge
der hohen Gerechten,
ihnen so nah auf gottgleichem Stand,
was kümmern mich Leid
und Not banger Knechte,
unten im Tale, das darbende Land!
 – Ich bin der Nabel,
um den es sich dreht,
und stets mir zu Diensten,
mit sicherer Hand!

Möge das Beste
von allem mir nützen,
ich will nicht wissen der Anderen Last!
Mag irgendwer
über mich richten,
– denk` ich an mich,
dann hat es Bestand!
In diesem Leben
mit niederen Gründen,
kann ich sehr wohl auf Liebe verzichten,
Reue allein, –
ist nicht meine Angst!

Wie ich mich fühle,
– ganz ohne Verwandlung,
niemand, der die Stimme erhebt!
Was ich mir bilde
in meinen Gedanken, –
wie es den Herren im Geiste ergeht!
Mir noch am nächsten
der Einsamkeit Schranken,
finde ich Trost, –
wie gut es sich lebt!

  …

Doch merke sich jeder
zu dieser Manier:
Sie ruhet tief, –
glimmt auch ein Funke in *dir!*

Dir zur Ehre

Wie kann ich ehren dich, und meistern,
ist doch die Zeit ein knappes Gut?!
Mit Allerlei dich aufzuheitern,
scheint mir der Ehre nicht genug!
Du hast verdient, was And`re wollen,
– drum nimm den Tag für dich allein!
So möchte ich Tribut dir zollen,
könnt` dieses Glück nicht größer sein!

Weil ich dich schätze alle Jahre,
werd` ich des Zählens nimmer müd`,
der vielen Dinge, die dich tragen,
– und einzig dir verbunden sind!
Oh, welch` ein Fest, geliebte Seele,
bedeutet`s mir im Angesicht,
wer sich zu deinen Händen lege,
– verweile gern und ewiglich!

Es lebe hoch dein ganzer Zauber,
die Tiefe deiner Worte Macht,
schlägt dir mein Herz, – nun laut und lauter,
im Lichte, wie zur halben Nacht!
Ein Ständchen gar, dass dich erfreue,
drum bleibe, wer du immer bist,
ein guter Mensch, der nichts bereue,
was ihm geschieht, – wo er auch ist!

Du

Ich kann nicht sagen, was es ist,
das mich bis heute –
nicht zur Ruhe kommen lässt,
wann immer wir uns denn begegnen!
– Dabei fing es ganz harmlos an:
Du warst noch jung und unerfahr`n,
doch nur um mich, – da war es bald geschehen …

Wem nützt mein Mehr an Lebensjahren!
Wenn wir uns gegenüberstehen,
und uns in die Augen sehen, –
frag` ich mich oft:
Wer will die Zeit –
und die Vernunft zum Vorbild haben!

Du, einzig Glück der Zweisamkeit,
es möge fügen sich, – beizeiten!
Du bist der Grund für all mein Streben,
bist all mein Hoffen, all mein Sehnen!
Willst du es auch?
Welch` schöner Traum, –
dann soll das Schicksal uns vereinen!

Bauernglut

Den Bauern, Handwerkern und allen anderen Anständigen,
die mitmarschierten!

Der Ob`ren Schuld bricht Land und Stände,
das Volk begehrt zu ihrem Schutze auf!
Doch ganz allein, es keinen Frieden fände.
Das Übel naht, nimmt Schande ihren Lauf!

Ihr standet fest, im Sturme neu geboren,
in eurer Glut das Feuer ward entfacht!
Der Bürger Heer hat euch dazu erkoren,
mit eurem Tross, so haltet immer Wacht!

Drum seid vereint und eures Wesens weise,
fegt sie hinweg, die Bürde langer Zeit!
Was einst begann, soll enden diese Reise,
wenn Glückes Schmerz und Dummheit sind vorbei!

Wer es auch wagt, die Heimat zu bezwingen,
der Deutschen Zorn ist aller Anfang Macht!
Denn nur befreit, im Fleiße zu erringen,
geschieht uns Wohl, – voran zu alter Pracht!

Das Haus im Wald

Es steht ein Haus, verborgen tief im Walde,
umgeben nur, von hohem wildem Grün.
Folgt seinem Ruf, als dieser einst verhallte,
 – ein schmaler Pfad, der fast vergessen schien!

Drin wohnen Glück, wie auch des Menschen Friede,
– wer wahren Herzens, und der stets bereit, –
den einen Traum, den festen Willen in sich trüge,
dem Ander`n gut, ihm gar ein Freund zu sein!

An seiner Tür „Willkommen" und „Verheißung",
auf hölzer`m Schild in tiefer Grabesschuld.
Und Stacheln gleich, die Dornen der Verzweiflung,
– des Ritters Werk entfalte seine Kunst!

Die Rettung naht, – befreie uns vom Übel!
Den Degen spitz, den Säbel scharf geschwenkt!
Die Hecke fällt, das Böse zieht vorüber,
– aus langem Schlaf, dass Leben neu erweckt!

Es ist vollbracht, – der Kampf gelang zum Siege,
und so befreit, scheint aller Anfang Last!
Der Zauber sprach, – es war allein die Liebe,
die dieses Haus mit Licht gesegnet hat!

Heimatlied

Schaut her, die Welt liegt in Trümmern!
Doch was macht sie je wieder ganz?
Ich höre sie flehen und wimmern, –
man nahm ihr den Ruhm und den Glanz!

Oh, Heimat, ich hielt dich für weiser,
– dein Übel zog lange vorbei!
Es suchen nun ruchlose Geister,
auf deinem Boden ihr Heil!

Des Volkes Stimme erklinge,
wie einst in Stunden der Not!
In wahrer Eintracht es singe,
von Rettung als höchstes Gebot!

Steht auf, den Lügen zum Trotze,
zum Banne denn, jede Gefahr!
Wir schützen das immer Erhoffte,
und dulden keinen Verrat!

Land der Dichter und Denker,
du starke und stolze Nation!
Wir sind deine leiblichen Kinder,
– in Sorge um Friede und Wohl!

Das Lied vom Frieden

Oh, ihr Narren, tragt die Spitzen
eurer Speere vor euch her,
schon im Traume – Rauch und Blitze,
– wie ein Banner, mutet`s mir!
Mahnt die Welt, es werde Frieden,
höchste Eile ist getan!
Dumme reden nur vom Siegen,
kriegestoll in blindem Wahn!

Unter Feuer – füllen Kelche
sich mit Blut, statt rotem Wein!
Grabentief, die Blumen welken,
ruhen Leiber und Gebein!
Sind getränkt in nackter Erde,
Tränen jeder Mutter Leid, –
dass nie wieder Söhne sterben,
durch des Menschen Eitelkeit!

Haltet ein, es geht noch besser,
– streckt die Waffen alle Zeit!
Streiten Worte, keine Messer,
sehen Augen – klar und weit!
Aus dem Staube der Ruinen,
wächst heran die neue Saat,
wollen ihrem Volke dienen,
die sich reichen Herz und Hand!

Bekenntnis

Die Zeit ist steh`n geblieben, –
nichts scheint mehr so, wie`s war!
Der Himmel, grau verhangen,
war vorher blau und klar!
Und doch zieht mich die Sehnsucht,
hinaus in`s weite Feld.
Des Tages frühe Mitte, –
hat sich zu mir gesellt!

Mich quälen die Gedanken,
weiß nicht mehr aus noch ein!
Was ist mir nur geschehen, –
mag ich bei Sinnen sein?
So will ich vor den Ander`n,
in meiner größten Not,
mit meinem Leben hadern,
und meines Schicksals Los?!

Der Liebe möcht` ich glänzen,
mich üben in Geduld, –
mit Klugheit überdenken,
der alten Tage Schuld!
Die Zeit wird Vieles richten,
so groß die Urgewalt, –
dass sich die Nebel lichten,
in vielerlei Gestalt!

Der Glaube

Die ganze Welt scheint wie verhext:
Es streiten und beklagen, –
die Nachbarn, die zum Freudenfest,
sich in den Armen lagen!
So fühlten sie sich eng vereint,
den Brüdern und den Schwestern.
Ein böser Geist, der sie entzweit,
wo Liebe war, – noch gestern!

Errettet mich die Zuversicht,
– hält mich sogleich gefangen,
gesogen mit der Mutter Milch,
stets diesen Weg gegangen!
Nun gilt mein Eid als heil`ger Schwur,
schöpf` ich die Kraft zum Leben!
Ich folgte ihm in Einem nur,
– mir von dem Licht zu geben!

Ein wahrer Trost, ihm sei gedankt,
– im Wachsen, wie im Sterben,
da etwas Großes mir bekannt,
liegt alles Glück in Scherben!
Die eine Hand, die deine hält,
und sicher dich geleitet, –
weiß ihren Platz auf dieser Welt,
der Not und Schmach erleidet!

Des Menschen Fluch, kennt nur er selbst,
sein Antlitz – voller Farben!
Welch` Glaube macht ihn auserwählt,
als Herr in Gottes Namen? –
Kein Solcher steht gar über ihn,
ist Richter denn, noch Henker!
Was auch geschah der Dummheit Zier,
– nichts wurde jemals besser!

Wenn Glaube manchen Berg versetzt,
auf sattem Grün zu weiden,
im tiefen Tale Hoffnung wächst,
einander zu verzeihen! –
Vertraue ich auf dieses Wort,
braucht Zeit und viele Saaten, –
weht sie der Wind dann nie mehr fort,
– so gut, wir nimmer waren!

Der Schwan

Auf eines Weihers stillem Wasser, –
schwamm einst ein Schwan in grüner Au`.
Sein weißes Kleid, so rein, wie Alabaster,
trug er mit Stolz, gar lieblich anzuschau`n!

Mir schien, als schwämme er hier ewig,
seit Anbeginn in aller Ruh`, –
nur hier er selbst, sein eigen Herr und König,
– im Paradies, inmitten der Natur!

Wie es ihn trug, in seinem Reiche!
Die Sonne warf ihr warmes Licht –
auf ihn herab, in sehr besonderer Weise!
Ich folgte ihm, – und störte ihn doch nicht.

Welch` schönes Bild in edlem Glanze,
ein friedlich Tun, ganz ohne Last!
Ich wünschte, – ich wäre dort an seinem Platze,
zu jeder Zeit, – erlesen und bedacht!

Der Vögel Zug

Heb` ich die Feder aus welkem Gras,
denk` ich mit trauriger Miene, –
an jenen Vogel, der sie besaß,
als er hier weilte bei seiner Rast,
– zog es ihn fort in den Süden!
Zum Fluge bereit sind Kranich und Storch,
hoffend, der uralten Pfade!
Wollen hinaus in luftige Höh`n, –
folgen der Stimme, wenn Winde sich dreh`n,
trotzen sie allen Gefahren!

So hob es ihn zum Himmelsgewölb`,
aufwärts nach oben zu streben, –
sucht er die Wärme am Ende der Welt,
– weit hallt sein Ruf, zu denen gesellt,
die auf die Reise sich geben!
Fern ihrer Heimat, besungen und frei,
reiten auf magischen Schwingen,
fliehen dem Winter zu herbstlicher Zeit,
ziehen davon im festen Geleit,
– soll ihre Ankunft gelingen!

Ach, wüsste ich nur, wie`s ihm geschieht,
da die Tage vergingen! –
Der Feder Schmerz, wünsch` ich ihm Glück,
führt ihn sein Herz hierher zurück,
– wird er sich ihrer besinnen!
Im Frühjahr schon, – tun sie es gleich,
die ihre Heimkehr verkünden!
Auf selbem Wege, mit freudigem Schrei, –
eilen sie wieder in Scharen herbei,
– lass` ihre Kräfte nicht schwinden!

Wenn die Rose schlafen geht

Sie blüht, – wie einst, – im Garten Eden,
zu aller Leute Herrlichkeit,
ihr Farbenspiel gleicht keiner jeden,
der stolze Blick, an Dornen reich!

Ihr Duft betört, entsteigt nach oben,
– die Schönheit fordert ihren Preis,
wer sich auch beugt, um sie zu holen,
dem wird ihr Stich ein Übel sein!

Man schaut sie gern, da ohne Makel,
mit langem Stiele überragt,
die Edle selbst, – kennt keine Gnade,
wer sich zu ihrer Größe wagt!

Die Wiederkehr zu alter Güte,
das ganze Jahr in voller Pracht,
der Königin erlauchte Mitte,
– das hat sie um den Schlaf gebracht!

Nun möchte sie mit Anmut glänzen,
indes, – die Einsicht kommt zu spät,
erschöpft und müd`, das Blatt zu wenden,
senkt sich ihr Kopf, – die Rose schläft!

Wilde Blume

Ach, schönes Fräulein Unbekannt,
stehst ganz allein am Wegesrand!
Ich flüst`re dir ganz unverhohlen, –
wie bist du nah mir, und gewogen!

Wo sind nur deine ander`n Retter,
all deine artverwandten Vettern,
die kleinen und die großen,
– hat man dich gar verstoßen?

„Die Blume in dir, ist allein.
Und ich, – ich will `s nicht länger sein!“,
so sprach ich sie verwegen an,
als wär` ich ihr der rechte Mann!

Doch sagte sie mit zarter Stimme,
sie sei tatsächlich keine Schlimme, –
es hätt` sie nur mit Unbehagen,
an diesen einsam` Ort verschlagen!

Und wild sei sie schon lange nicht,
ihr Herz noch rein, was es verspricht,
– dem Freud` und Liebe nur zu schenken,
mag der nichts Schlechtes von ihr denken!

Dann zog ich weiter meines Weg`s,
indes, – die Hoffnung kam zu spät,
die Holde möge sich entscheiden,
– um mich fortan zu begleiten!

Der Grüffelo – das Gedicht

Ein gestenreiches Lehrstück für die kleinen und großen Kinder

Der Grüffelo, der Grüffelo,
der hat zwei große Zähne – sooo!
Er hat `nen dicken Kugelbauch,
und zwei Hörner, hat er auch!

`Ne dicke Nase im Gesicht,
ein großes Maul, – ganz fürchterlich!
Zwei große Augen, rot und wild!
Den Grüffelo kennt jedes Kind!

Die kleine Maus, ein schlaues Ding,
im dunklen Wald spazieren ging.
Sie sprach von ihm, – wie jeder weiß,
und dabei war er nur ein Geist!

So traf sie Eule, Fuchs und Schlange.
Der Maus war aber gar nicht bange,
erzählte prompt vom Grüffelo,
den`s gar nicht gab, – nur einfach so.

Da hatten sie vergessen, –
die kleine Maus zu fressen …
Doch plötzlich war er wirklich da,
– der Grüffelo, von dem sie sprach!

Nun wollte er beginnen,
das arme Mäuschen zu verschlingen!
Doch dieses war so voller List,
– dass es auch ihm vergangen ist.

Und die Moral von der Geschicht`?
– Verkenne kleine Wesen nicht!
Wer klug ist, – so wie diese,
hat keine Angst vor Riesen!

148

Ruhmesgold

Von aller Welt fühlt sich verlassen,
– manch` Spieler nach dem letzten Akt.
Der Vorhang fällt, der Held der Massen
verneigt sich tief in dieser Nacht!
Und der Applaus der bunten Menge,
die lärmerprobt die Reihen füllt,
verhallt im Aufbruch und Gedränge,
wenn jede Neugier dann gestillt!

Es ist vollbracht, die Last vergangen,
des Barden Kunst im großen Stück!
So sitzt er da, noch recht befangen,
nun ganz allein, mit leerem Blick.
Welch` edle Worte und Gesänge,
den Beifall heischend Jahr um Jahr,
dem Glanze treu, der schönen Klänge,
stellt er sich immer wieder dar!

Verblasst kein Tag, gleicht keinem ander`n,
unsterblich wie der Zeiten Lauf,
für Solche, die zum Ende fanden,
als es verging, wie alles auch!
– Wohl jener Ruhm, die zarte Bande,
verblichen fast, sein Temperament!
Man kennt ihn gut, und das recht lange,
erlischt sein Stern am Firmament.

Die Spiele

So hört, es tönen die Fanfaren,
– das Spiel beginnt, ein Reigen mancher Kunst!
Er wird entfacht mit heftigem Gebaren, –
dass nun geschieht, des Volkes Freud `und Lust!

In der Arena, bis zum letzten Range,
lockt, prall gefüllt, das heil`ge große Rund, –
ein lauter Schwur der vielen guten Namen,
tut seinen Eid mit edler Geste kund!

Und wie geeicht, von hoher Macht gesegnet,
in ihrem Dienst, – die Masse ist bereit,
für das Vergnügen, das ihr dort begegnet,
– dies soll das Maß der ganzen Wahrheit sein!

In einem Pferch, gediegen und beladen, –
stirbt jeder Geist, der klug die Freiheit nennt!
Er würde nur dem reinen Bilde schaden,
das, – Funken gleich, – dann lichterloh verbrennt!

Doch heut`, – im Eifer der Vergängnis,
scheint alles Eins, im Jubelschwall vollbracht!
Die Menge tobt, – bald wird ihr zum Verhängnis,
was sie zuvor, noch blind und stumm gemacht!

Winterzeit

Wenn des Himmels kalte Lüfte,
grau und schwer sich wiegen,
zum Advent bekannte Düfte,
über allem liegen,

fallen sanft aus seinen Toren,
weiße Flocken, – immer mehr,
auf gefroren harten Boden,
– Ein` der ander`n hinterher,

betten ihn, im Jahre nieder,
zu mit winterlicher Pracht,
in ihr samtig weiches Mieder,
festlich schön zur Heil`gen Nacht,

kehrt nun ein, der Ruhe Segen,
öffnen Herzen sich ganz weit,
spielen Kinder auf den Wegen,
sind schon balde tief verschneit,

lassen Ski und Rodel grüßen,
Warmes steht für uns bereit,
locken Brezelteig und Nüsse,
– dann ist wieder hohe Zeit!

Ein ganzes Leben

Ein Loblied auf den eigenen Körper (– und Geist)

Schoß meiner Seele, wie kann ich dich leiden,
hast mich getragen zum großen Olymp,
ein ganzes Leben an meiner Seite, –
siehst du die Dinge, die Teil von mir sind!

Tränen und Freude, Ängste und Narben,
meine Gedanken verweilen in mir.
Nur eine Hülle, – so ließe sich sagen,
doch alles Schöne schlummert in dir!

Fütt`re ich dich mit all meiner Liebe,
guten Speisen, zu deinem Verzehr, –
schenkst du mir Stärke und Jahre, so viele,
ohne dich sein, – das könnt` ich nicht mehr!

Wohl du allein, wirst mich erkennen,
danke ich dir für Blüte und Lust,
die du mir gabst, die Welt zu entdecken,
habe auch ich, – zu reifen gewusst!

Nun, Kamerad, mein Herz lässt dich grüßen,
gönne ich dir, was beiden gefällt!
Bin ich dir gut, vom Kopf – zu den Füßen,
treue Gestalt, dann lieb` ich mich selbst!

Und musst du im Alter, später dich plagen,
wirst deines Handelns müde und schwach,
dass Arm und Beine des Leides klagen, –
halt` ich dich fest, im Geiste noch wach!

In deiner Haut nur möchte ich stecken,
sind Weisheit und Segen darin vereint!
Will ich in dir das Beste erwecken, –
schätz` ich dich heut`, und für ewige Zeit!

Des Menschen Bild

Was scheint er mir ein kleines Licht,
im Land der wahren Riesen,
die sehr viel größer an Gewicht,
sich als gerecht erwiesen!
Es kam zuletzt auf diese Welt,
– ein Spätling, wie im Buche,
allein, – er macht, was ihm gefällt,
den anderen zum Fluche!

Seit je von Macht und Herrlichkeit
geblendet und getrieben, –
wohl glaubt, dass er vollkommen sei, –
und jenen überlegen!
Welch` Aderlass an der Natur,
die hoch und tief sich regen, –
so starb und floh manch` Kreatur,
dem Untergang entgegen!

Hat erst der Mensch, was kreucht und lebt,
zu seinem Recht erkoren, –
nur, was ihm nützt und dient und strebt, –
auf ein Podest gehoben!
Dem Klugen schlägt die längste Zeit,
nicht maßlos zu verschwenden, –
holt sich zurück die Ewigkeit,
– das Blatt noch umzuwenden!

Des Menschen Tun

Die rohe Kraft der Urgewalten,
der Welten Anfang ungetrübt,
in Reih` und Glied sie aufzuhalten,
– war erst des Menschen hohe Lied!

Wenn er erhob das Himmelsfeuer,
wo ewig schon die Wolken zieh`n,
zu einem wahren Ungeheuer,
– nichts wuchs und floss mehr ohne ihn!

Wär` er doch niemals hingegangen,
zu aller Leben kargen Brut!
So groß, – und stärker sein Verlangen,
noch schlimmer denn, als jede Flut!

Ihr armen und vergess`nen Wesen, –
brennt manche Horde sich durch`s Land,
stiehlt euch die Luft, nimmt mit den Regen,
von Baum und Tier die letzte Art!

Ein guter Geist, – er hofft noch immer,
heilt bald die Wunden der Natur!
Lässt enden Raub und Hitzeglimmer,
kein Aderlass, – wie je zuvor!

Die letzte Art

So schaut in die Runde von einst!
Bald hat unser Stündchen geschlagen!
Was Himmel und Erde vereint,
– ist just aus den Fugen geraten!

Ihr Wälder, Flüsse und Seen,
ihr Meere, ihr treuen Geschöpfe,
kein Tag darf hier länger besteh`n,
– an dem es euch dürsten möchte!

Das Einhorn auf einsamen Höh`n,
von der Welt zur Sage erhoben,
noch immer begehrlich und schön,
– es hat viele Freunde verloren!

Wo sind nur die Trolle und Feen,
– die aus ihrem Traume erwachen,
von alten Geschichten erzähl`n,
und Wunder geschehen lassen?!

Das letzte Geschlecht seiner Art,
– nun soll es Rettung erfahren!
Es werde ein glücklicher Tag, –
von ewiger Hoffnung getragen!

Wiederkehr – Vom Glauben an das ewige Leben

Im Eifer geboren, die Hoffnung für immer,
doch eilt davon – das irdische Glück!
Erst heller Stern, – dann schwacher Schimmer,
schenkt uns die Zeit vom Himmel ein Stück!

Anfang und Ende, ich will es erfahren!
Hat mich die Liebe im Herzen erfreut,
da sie mich trägt, die Fülle an Jahren,
die mich gelehrt, – und keines bereut!

Niemand, der weiß, ist jemals gekommen,
hielt eine Rede auf güld`nem Altar,
sprach seine Seele, – den Engeln genommen,
wie es da oben wahrhaftig geschah!

Wenn aber dort die Blümelein stehen,
auf grünen Wiesen, wo immer wir war`n,
so hier auf Erden, – wir haben gesehen,
all unsere Bilder in prächtiger Art?!

Schon naht der Abschied, – kehren wir wieder,
treten gar fröhlich zum Tore herein?
Hoch die Posaunen, erklingen die Lieder, –
wollen uns ewig am Leben erfreu`n!

Am Ende

Die Welt ist groß, – wenngleich verdorben,
ein wahrer Hort der Fantasie!
Ach, käm` ich nur an jene Orte,
die diese Sonne schon beschien!
Wohl in den Höh`n, als in den Breiten,
in ihrer ganzen Schönheit Pracht,
vom Anbeginn vergang`ner Zeiten,
– bis hin zu ihrem letzten Tag!

Mein Bild von ihr klingt sehr verschieden,
– einst unermesslich reiche Wahl,
in ihrem Leibe kaum geblieben,
was sie stets einte und gebar.
Der kleine Mensch in seinem Wesen,
fern früher Jahre der Natur, –
schwang sich zum Herrn in diesem Leben,
doch ohne Maß, – wie nie zuvor!

Denn bald geschah zu seinen Diensten,
der Wahrheit elende Verdruss, –
wo er auch traf auf Pflanz` und Tieren,
– stand niemand hoch in seiner Gunst!
Was nicht erlag, das musste weichen
und fand nie wieder einen Platz!
War dann erlöst von Raub und Leiden,
wie sie der Mensch verrichtet hat!

So naht das Ende gar mit Schrecken!
Bekennt er sich zu seiner Schuld, –
wird jede Seele neu erwecken,
geht allem Übel auf den Grund?!
Kommt nun zum Schluss mit langen Schritten,
hat seines Weges gutgetan, –
lässt mancher Abschied ihn besinnen,
– fängt er es klug und weise an!

Vom Altern

Nicht meines Alters wegen, bin ich müd`,
ist Jahr um Jahr vergangen,
der Spiegel zeigt ein seltsam Bild,
was ich erwarte, doch nicht will,
– in meinem Geist gefangen!

Und kommen Faltenbäche noch dazu,
auf meiner Runzelstirne, –
ich könnt`s nicht ändern, hätt` ich Ruh`,
würd ` ich des Teufels dafür tun,
und wünscht` ich`s noch so gerne!

Kein Salben hilft dem armen Hirn,
kein Kampf, sich zu erwehren,
die Kunst des Alterns zu besteh`n,
– so wär` es bald um mich gescheh`n,
müsst` ich die Leiden zählen!

Manch` graues Haar, erwuchs mir leis`,
war über Nacht geboren. –
Mein junges Herz, der Sorge frei,
es will mit Freuden glücklich sein,
– hat alle Zeit verloren!

Als ich schlief

Die Schwere kam so über mich,
und senkte meine Lider.
Sie kroch heran, löschte das Licht,
bedeckte Glieder und Gesicht,
und legte sanft sich nieder.

Und als ich schlief, still war die Nacht,
von Leichtigkeit umwoben, –
das, was am Tage wohl erdacht,
hat mich des Dämmerns müd` gemacht,
– schien plötzlich wie verflogen.

Nun hat die gute Seele Ruh`,
fällt bodenlos in`s Tiefe, –
lernt auch im Schlafe noch dazu,
liegt hüllenlos auf reinem Tuch, –
als wenn die Englein riefen.

Wär` ich ein Baum

Welch` Wunder doch geschieht auf Erden,
das Leben heißt und mich besinnt, –
ein Baum, ob seiner Wurzeln Stärke,
an Stand und Festigkeit gewinnt!
Wie seine Krone, die in luft`ger Höhe,
mit gleicher Art der Schlingen weit,
durch Ast und Zweige Wasser zöge,
– bis sich das letzte Blättlein teilt!

Wer hat die Kunst, es ihm zu wagen,
und kommt allmählich zu dem Schluss:
Ein guter Geist wächst mit den Jahren,
der sich ihm angedeihen muss!
Dass Ring um Ring der langen Reise,
die Rinde speist, bis sie sich schält, –
so gilt er stets als klug und weise,
ist groß und reif des Stammes Bild.

Wär` ich ein Baum in voller Blüte,
es käme mir erst in den Sinn, –
ich sei von ganz besonderer Güte,
zieht es denn jene zu mir hin,
die suchen Schutz in meinem Schatten,
wer seines Weges müd` und zag`,
wohl Mensch und Tieren zum Verlangen,
dank meinem Holze, Tag für Tag!

Fügung (…und doch!)

Es mag vielleicht, den Engeln gleich,
der Himmel auf mich warten, –
da Friede herrscht in ihrem Reich,
zum schönen Spiel der Harfen. –
Und doch ist es die Welt allein,
die mich bestärkt in meinem Glauben,
an jedem Tage ihres Seins, –
wann immer sie mich nährt und treibt,
– ob ihrer Künste zu bestaunen!

Sie zu erkennen, – dies ist unsere Pflicht,
das Ferne, Wahre, Unbekannte, –
vermag ein einz´ges Leben nicht,
 – und doch, – man findet zueinander!
Denn alles fügt sich, reibt sich,
strebt zusammen, was ihrem Leibe widerfuhr,
aus frühem Staub zu Stein gegossen,
dem zähen Ringen der Natur! –
Ein Brei aus vielen Aderlässen,
aus manchen Zweifeln, unterdessen,
im Kampf der Sitten und Kultur`n!

Was sich auch neckt, verliert und heiligt,
– es rüttelt und es schüttelt sich,
als wär` es scheinbar unvermeidlich, –
stößt sich erst ab, bevor es sich vereinigt!
Und doch, so zeigt sich immer wieder, –
ist`s ein beständig Auf und Nieder,
das seines Weges endet, –
wie alles, was erblüht, vergeht,
und doch von Neuem aufersteht,
– bis dann das Blatt sich wendet!

Wenn es befreit dem Guten diente,
das stets das Böse überragt! –
Und doch war`s mir ein Traum gewesen,
wie eines Nachts im Dämmerschlaf, –
wird das, was krank ist, bald genesen,
– weil ich es hoffte, tausendfach!
Die Liebe, – sie sei unser wahres Licht,
das in uns wohnt und zu uns spricht,
den Feinden, die zu Brüdern werden!
Es soll mit Freuden uns erwärmen,
die Zeit ist kurz, –
– sie fügt sich nicht!

Selig

Selig sind die, die ihre Gedanken in Worte kleiden,
und diese zu Papier bringen, –
sodass auch andere Seligkeit erfahren.

Dietbrechts Worte

Dies ist der Sprache edle Zauber,
reicht sie denn mir zur hohen Kunst,
– so kümmert mich, dass gut und sauber,
ihr alter Klang dient der Vernunft!
Noch jedes Wort begann zu fiebern,
in seiner reinen schönen Art,
hat uns erleuchtet, – immer wieder,
und uns erfreut, an jedem Tag!

Epilog

Immer traf auf meinen Reisen,
– Menschen ich, an Orten viel,
dumme – wie gescheite,
hierzulande oder fern im Sinn,
große, laute, kleine …
Zog sich wie ein roter Faden,
jene Kunst zu leben,
in grüner Flur und Heide stets,
nie der Welt ergeben!
Sah, und flocht mit großer Lust, –
meinen Kranz des Weisen.
Liebte es zu jeder Stund` –
friedvoll und bescheiden!

Inhalt

167

168

Dietmar Ahrens

geboren 1965 in Pasewalk. Er lebt in Torgelow. Zunächst erlernte er den Beruf eines Tierwirtes für Rinderhaltung und schloss nach der Armeezeit ein Fachschulstudium zum staatlich anerkannten Erzieher für Jugendheime ab. Seit der Wende als selbständiger Gartengestalter und anschließend auf dem elterlichen Reiterhof tätig, kehrte er ab 1997 in den Erzieherberuf zurück. Im Zeitraum von 2010 bis 2015, bestritt er zwei weitere geprüfte Fernstudiengänge zum Personal Coach/ Psychologischen Berater und zum Sozialmanager. Seitdem arbeitet er mit der erworbenen Qualifikation eines Sozialpädagogen, Beraters und Stützlehrers in der Sozialen Integration benachteiligter Menschen und Beruflichen Bildung unterschiedlicher Klientelgruppen. Er ist geschieden und hat zwei Kinder.

Kontakt: D.Ahrens@bbvp.de

Zeittafel

Jahre im September

Gedichte und Erzählungen

Marko Ferst

212 Seiten, Edition Zeitsprung, 2017

Über Ostseeinseln wie Öland und Usedom streifen die Gedichte. Sie führen in die schwedische Schärenstadt sowie nach Buchara, Samarkand oder in den Ural. Magische Ausflüge in die Natur und Tierwelt tauchen auf. Gedichte zu Musik, Literatur und Malerei reichern diesen Lyrikband an. Unter die Lupe genommen wird der Drang der Regierenden, uns mehr und mehr auszuspionieren. Kritik zieht das gescheiterte Afghanistan-Abenteuer auf sich, das syrische Totenfeld wird umrissen. In Bangladesch zeichnen sich weitere Landnahmen des Meeres ab, Wasserstände, die mit unserem verschwenderischen Lebensstil im Norden verbunden sind. Sondiert wird, warum unsere Zivilisation ökologisch zu scheitern droht, sich längst im Spätstadium befindet. In der Arktis zeigt sich, wie weit das Vorspiel zum Klimaumsturz schon gediehen ist. Spitzbergen archiviert unsere letzten genetischen Hoffnungen. Den Spuren und Abgründen einer mysteriösen Krankheit wird nachgegangen. Der Band enthält zwei Erzählungen - eine arktische Begegnung zwischen weißen Raubtieren und einen Blick in das sowjetische Speziallager Sachsenhausen.

Leseproben: www.umweltdebatte.de Bestellung: marko@ferst.de

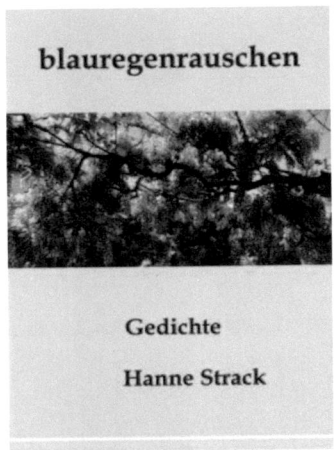

Blauregenrauschen

Gedichte

Hanne Strack

2023, Dorante Edition, 128 Seiten

Blickwinkel und Ereignisse aus dem Alltag, aber auch die politischen Geschehnisse hierzulande und in entfernten Ländern nutzt Hanne Strack als Anstoßpunkte. Sie beschreibt in lyrischer, klarer Sprache und treffenden Bildern die Freuden und Beschwernisse des Lebens. Worte sind für sie wie ein Raum „der zum Verweilen lädt", in dem die uns umgebenden Schönheiten Platz nehmen können, genauso die Schrecken dieser Zeit. Diese werden nicht ausgeklammert, sondern auf den Punkt gebracht, hinterfragt. Sie versucht Grenzen abzubauen und warnt gleichzeitig vor dem Moment, „wenn wir sprachlos vor Toten und Trümmern stehen".
Der Krieg „in einem Land nicht fern", Leben und Sterben, es tauchen viele Aspekte in diesen Gedichten auf, die uns treffen und aufrütteln.
Im Focus stehen immer wieder Lichtblicke, die Hoffnungsschimmer enthalten. „Der erste Zitronenfalter" wie er sich einfach aufschwingt mitten im „Frühlingschaos" – ebenso wie der Mensch im Fließen der Freundschaft. Liebe, Respekt vor den Mitmenschen schwingen durch die Zeilen dieses Bandes.
„Mensch ich brauch dich", eines der Gedichte, die in der Coronazeit entstanden, scheinen über diesen Einschnitt hinaus gültig zu sein. Das Mit- und Füreinander stehen im Mittelpunkt und die Möglichkeiten, die der Versuch des gegenseitigen Verstehens bietet – Worte, die zueinander finden.